战国简帛读本

禤健聪 编著

凤凰出版社

普及类古籍整理图书专项资助项目

图书在版编目（CIP）数据

战国简帛读本 / 禤健聪编著. -- 南京 : 凤凰出版社, 2017.6（2025.9重印）
ISBN 978-7-5506-2600-3

Ⅰ. ①战… Ⅱ. ①禤… Ⅲ. ①竹简文－研究－中国－战国时代②帛书文字－研究－中国－战国时代 Ⅳ. ①K877.54②K877.94

中国版本图书馆CIP数据核字(2017)第107938号

书　　名	战国简帛读本
编　　著	禤健聪
策划编辑	李艳丽
责任编辑	张永堃
责任监制	程明娇
出版发行	凤凰出版社(原江苏古籍出版社) 发行部电话025-83223462
出版社地址	江苏省南京市中央路165号,邮编:210009
照　　排	江苏凤凰制版有限公司
印　　刷	江苏凤凰新华印务集团有限公司 中国江苏南京经济技术开发区尧新大道399号,邮编:210038
开　　本	652毫米×960毫米　1/16
印　　张	12.5
字　　数	186千字
版　　次	2017年6月第1版
印　　次	2025年9月第4次印刷
标准书号	ISBN 978-7-5506-2600-3
定　　价	68.00元

(本书凡印装错误可向承印厂调换,电话:025-68037411)

弁　言

汉字乃中华文化之载体,《古文字读本》(四册)则是了解和学习中国古代汉字的入门佳作。该书提纲挈领,深入浅出,最适合初学者循序渐进,步入佳境。读者倘能藉此以为治学之阶梯,便可登堂入室,进而窥探中华文化之堂奥,收到事半功倍的效果。值此全书付梓之际,爰缀数语志贺。

丙申孟冬

目　录

凡　例

1．本书行文使用简体字，必要时（如表示古字书中字形或解释字形构造时）使用繁体字。

2．正文包括图版、释文、著录、注释、延展阅读等项。

3．释文一般作严式隶定，释文部分以圆括号括注通行字，方括号内为补字。

4．延展阅读部分注重知识性和可读性结合，主要是文字学基本知识的融入，也有适当的背景介绍或发散故事。

前　言

商代的甲骨文，西周春秋的金文，战国时代各种品类的文字，大致构成了篆隶以前古汉字发展演变的基本轨迹。古文字的发现与研究早已有之，《说文叙》记“鲁恭王坏孔子宅”得壁中书、“郡国亦往往于山川得鼎彝”，即汉代所见之古文字，也是《说文》古文、籀文的来源之一。其后西晋汲冢古书的发现与整理、宋代金石学的兴起，皆属古文字研究。但真正意义上的古文字学的建立，则是 19 世纪末甲骨文发现以后。

战国文字的发现和研究时间最早，孔壁、汲冢所出等皆是，然材料既不易保存，转写传抄又不免舛误，故近世所见的战国文字材料，主要是陶、玺、兵器、货币。王国维在《桐乡徐氏印谱序》中云：“然则兵器陶器玺印货币四者，正今日研究六国文字之惟一材料，其为重要，实与甲骨彝器同。”王国维同时也指出，“陶器玺印货币文字止纪人地名，兵器文字亦有一定之文例”，难据以窥战国文字之全豹。

上世纪四五十年代以后，战国简帛文献材料不断出土，情况大为改观。

简帛作为书写载体，使用时代本不限于战国。大多数学者相信，早在商代就应该有简册，比如《尚书・周书・多士》就说“惟殷先人，有典有册”，但目前所见最早的竹简只到战国早期(随州曾侯乙墓竹简)。战国以后，如秦至汉初的睡虎地秦简、马王堆帛书和银雀山汉简等，在文字学和文献学上亦均有极其重要的研究价值；不过，按照传统上的界定，小篆及以后的文字，可不属古文字的范畴。考虑到本书的篇幅，也为了与本丛书其他选本体例统一，本书只收录战国时期的简帛文字材料。

出土战国简帛文献，举其要者有：

1. 长沙子弹库帛书。1942 年由盗墓者从长沙子弹库木椁墓中盗出，完整的只有一幅，内容述日月四时形成神话、楚月司职宜忌等①。

2. 仰天湖竹简。1953 年出土于湖南长沙仰天湖 25 号墓，内容为遣策②。

3. 信阳竹简。1957 年出土于河南信阳长台关 1 号墓，内容为典籍和遣策③。

4. 望山竹简。1965 年和 1966 年分别出土于湖北江陵纪南城 1 号墓和 2 号墓，其中 1 号墓所出内容为卜筮祭祷记录，2 号墓所出内容为遣策④。

5. 随县竹简。1978 年出土于湖北随县擂鼓墩曾侯乙墓，内容为遣策⑤。

6. 九店竹简。1981 年至 1989 年出土于湖北江陵九店 56 号墓、621 号墓，其中 56 号墓所出内容包括日书、衡量制换算记录等，621 号墓所出内容可能是竹书⑥。

7. 包山竹简。1987 年出土于湖北荆门包山 2 号墓中，内容包括司法文书、卜筮祭祷记录、遣策等⑦。

8. 郭店竹简。1993 年冬出土于湖北荆门郭店 1 号楚墓，内容为竹书，共 16 种 18 篇⑧。

9. 新蔡竹简。1994 年出土于河南新蔡葛陵楚墓，内容主要是卜筮祭祷记录，也有少数内容类似物品发放记录清单⑨。

10. 上海博物馆藏竹简。1994 年上海博物馆从香港文物市场收购及

---

① 饶宗颐、曾宪通：《楚帛书》，中华书局，1993 年。

② 湖南省文物管理委员会：《长沙仰天湖第 25 号木椁墓》，《考古学报》1957 年 2 期；商承祚：《战国楚竹简汇编》，齐鲁书社，1995 年。

③ 河南省文物研究所：《信阳楚墓》，文物出版社，1986 年；商承祚：《战国楚竹简汇编》。

④ 湖北省文物考古研究所、北京大学中文系：《望山楚简》，中华书局，1995 年；湖北省文物考古研究所：《江陵望山沙冢楚墓》，文物出版社，1996 年。

⑤ 湖北省博物馆：《曾侯乙墓》，文物出版社，1989 年。

⑥ 湖北省文物考古研究所：《江陵九店东周墓》，科学出版社，1995 年；湖北省文物考古研究所、北京大学中文系：《九店楚简》，中华书局，2000 年。

⑦ 湖北省荆沙铁路考古队：《包山楚墓》，文物出版社，1991 年；又《包山楚简》，文物出版社，1991 年。

⑧ 荆门市博物馆：《郭店楚墓竹简》，文物出版社，1998 年。

⑨ 河南省文物考古研究所：《新蔡葛陵楚墓》，大象出版社，2003 年。

接受捐赠而来，内容包括近百种战国古籍。此后，上博又接受“香港商人主动送上门来”的另一批竹书，其中包括一种字书①。上博藏简目前已出版8册②。

11. 清华大学藏竹简。2008年从香港文物市场购入，清华简有多篇《尚书》及体裁与《尚书》相类的文献，同时还有编年体的史书、逸诗等。清华藏简目前已出版2册。③

由上可知，目前所见的战国简帛，材料上以简为主，帛书仅一批；地域上以楚地所出为主。随县竹简虽属曾国，但战国时期曾国已沦为楚国附庸，而简文无论文字构形还是官名官制都深受楚文化影响，故可归入广义的楚系。

许慎《说文叙》说，“著于竹帛谓之书”，战国简帛文献大致可分为两类。

一是档案文书，包括遣策、卜筮祭祷记录、司法文书等等。所谓遣策，就是死者入葬时亲友所送礼物以及用于葬仪之物品的清单，墓葬中出土较多，以随县竹简最为大宗。卜筮祭祷记录多是为墓主人行事、疾病而占问的记录，主要见于望山、包山、新蔡竹简，以包山简最为完整详细。司法文书见于包山简，包括自题为“集箸”、“集箸言”、“受期”、“疋狱”等的内容。以上三种，前两种是墓葬主人的私人文书，后一种则属于公务文书。

二是典籍古书。典籍古书脱胎于档案文书，今天所见的最早古书如《书》、《易》、《诗》等，就是从文书档案中选编而成。近世战国简帛古书的大量发现，见于上世纪90年代以后郭店、上博、清华三批竹简。举凡六艺、史书、诸子、诗赋、兵书、方术等，皆有发现④。

战国简帛所载，是当时的书籍，战国简帛上的文字，无疑就是当时文字的主要形态。因此战国简帛文字，能够充分体现当时、当地的文字状况。目前所见的战国简帛文字，主要为楚地所出，文字特点上具有战国时

---

① 《马承源先生谈上博简》，载《上博馆藏战国楚竹书研究》，上海书店出版社，2002年。

② 马承源：《上海博物馆藏战国楚竹书》（一～八），上海古籍出版社，2001—2011年。

③ 李学勤：《清华大学藏战国竹简》（壹～贰），中西书局，2010—2011年。李学勤：《新整理清华简六种概述》，《文物》2012年8期。

④ 李零：《简帛古书与学术源流》，三联书店，2007年。

代东方六国古文的共同特点①，较之秦系文字乃至以秦系文字为基础的汉代及其后传世典籍的用字，均有较大差异。

一是字形上的差异，主要表现为简省变异，试举数例：

	秦系文字（石鼓文）	战国简帛文字
为		
马		
中		

简帛“为”字所从的“象”旁及“马”字，字形下半皆省去，仅以两横示意。“为”字《说文》古文作“”，即简帛“为”字所变，许慎以为“象两母猴相对形”，纯属臆测。简帛“中”字，是将中竖右上侧的横笔上移到顶部，将右下侧的横笔与中竖连笔而写。不仅简帛文字与秦系文字在字形上有所差异，即便是简帛文字不同篇章之间甚至是同一篇章内，一字异形或同形异词现象也十分突出。有关情况，可在选读部分直观感受到，此不赘言。

二是用字上的差异，战国简帛文献在记录同一个词的用字选择上，具有鲜明的时、地特点，与传统的阅读习惯时有不同。如第一人称代词“吾”，简帛写作“虐”；美好之“美”，简帛写作“媺”；盈满之“盈”，简帛写作“浧”，等等。在“诸侯力政，不统于王”的战国时代，汉字从同源走向变异，呈现“言语异声，文字异形”的景象。用字选择的差异，反映的是不同地域文化或族群文化的差异，对于探讨使用者的文化心理与思维方式有重要价值。

此外，与甲骨文、金文等其他铸刻的文字不同，简帛文字因是书写而成，书写者个体风格往往会影响文字的字形结体。又书写总不免会出现错漏，故错字、形近讹混等情况都是在释读简帛文字时需要考虑的因素。

当然，虽然秦系文字与东方六国古文之间、六国不同地域古文之间（齐、楚、三晋、燕），都存在差异，但毕竟仍是同出一源，故字形、用字上互有交叉，异同并见，不能截然分界。

古文字作为载体，承载的是古代语言、古代文献，因此简帛文字释读

① 王国维：《战国时秦用籀文六国用古文说》，《观堂集林》卷七，中华书局，1959 年第 1 版。

不能离开其所记录的语言、文献，这对作为书籍的简帛文献而言，尤其重要。文字考释和文献释读，当相辅相成、互为表里。

本书定位为“入门”，故选读取舍首要考虑材料的可读性：字迹清楚、内容完整、文义晓畅。在此基础上，兼顾字形、题材的多样性。依照这样的原则，本书所选 36 条，偏重于典籍古书，档案文书仅录两条。鉴于简帛文字的特殊性，释文一般作严式隶定，括注通行字。注释偏重于说明特殊的字形结构及用字特点，同一字形或同一用法多次出现的，除因讨论需要外，一般只在首次出现时作注。延展阅读结合每条的文字或内容，从文字变异或文献对照的角度为读者提供进一步阅读的线索。

本书属编著性质，尤以编为主。编著过程中，吸收了前人和时贤的大量研究成果，限于体例，未在正文中一一列出。书末所附参考文献，亦仅是作者写作本书时曾直接查阅参考过的文献。

本书写定于 2012 年 11 月，书中征引材料，亦以此为限。

选　读

1. 唯君子能好其匹[1]

【图版】

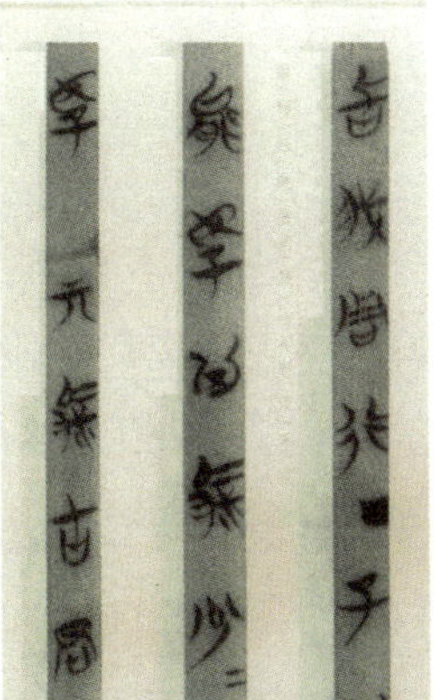

郭店《缁衣》简 42

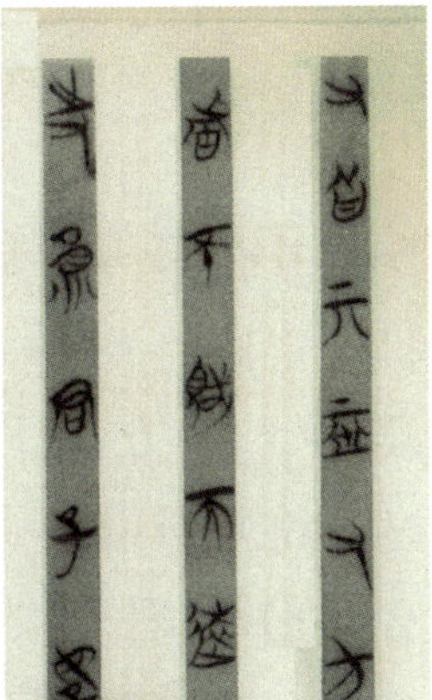

郭店《缁衣》简 43

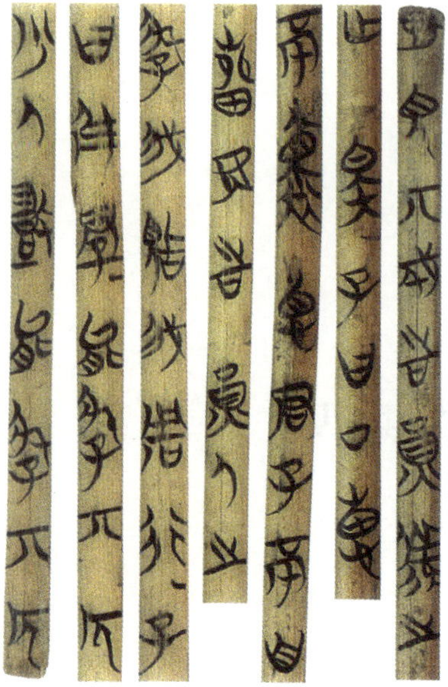

上博《缁衣》简 21

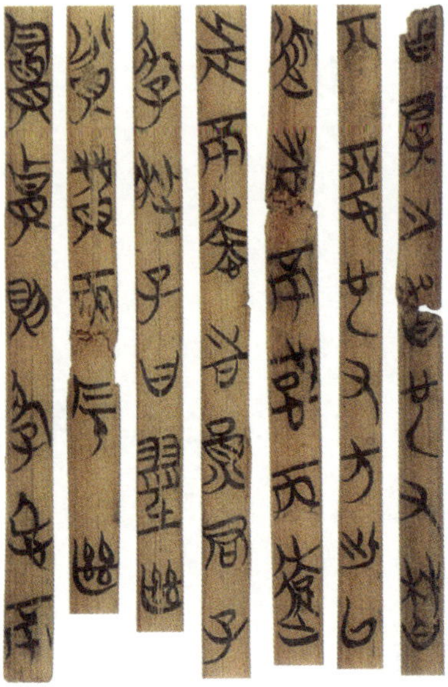

上博《缁衣》简 22

【释文】

子曰："唯君子能好其駜（匹）[2]，少（小）{＝}人[3]剴（岂）能好亓（其）駜（匹）[4]，古（故）君子之晉（友）[5]也【郭店简 42】又（有）向[6]，亓亚（恶）又（有）方，此以徲（迩）[7]者不賊（惑）[8]而远者不𢘊（疑）[9]。"《寺（诗）》员（云）："君子好𢦏（述）[10]。"▬【郭店简 43】

子曰："隹（唯）𡈼（君子）[11]能𡥈（好）[12]丌（其）匹，少（小）人敳（岂）能𡥈（好）丌（其）匹。【上博简 21】古（故）𡈼（君子）之晉（友）也又（有）𣈆（向），丌（其）恶也又（有）方，此以迩者不惑而远者不𢘊（疑）。"《𠯢[13]（诗）》员（云）："君子𡥈（好）𢼊（述）。"【上博简 22】

【著录】

《郭店楚墓竹简》之《缁衣》简 42—43，《上海博物馆藏战国楚竹书》（一）《缁衣》简 21—22。

【注释】

[1] 楚简。郭店简1993年出土于湖北荆门1号楚墓，现藏荆门市博物馆。同墓出土竹简800余枚，简长从15厘米到32.5厘米不等，其中有字简730枚，总字数12000余字。郭店楚简均为典籍古书，包括《老子》、《缁衣》、《五行》等，整理者共编为16种18篇，这是近世首次大规模发现的先秦竹书，一直备受瞩目。上博简1994年前后由上海博物馆从香港文物市场购入，现藏上海博物馆。上博藏简总数超过1200枚，35000多字(其后续有入藏，数量未公布)。上博简内容包括近百种战国古籍，其中有《周易》、《缁衣》等可与传世文献比勘的篇章，更有大量先秦佚籍，种类繁多，不少篇章还有多个抄本，在学术史上有十分重要的意义。

郭店楚简与上博楚简均有可与今本《礼记·缁衣》对读的《缁衣》篇。各版本文字、内容、章节次序颇有不同。郭店《缁衣》共47简，竹简两端均修削成梯形，简长32.5厘米；上博《缁衣》共24简(部分有残断，香港中文大学文物馆藏战国简1亦属此篇)，竹简两端亦呈梯形，简长54.3厘米。本条选取了郭店、上博两个版本对应今本《缁衣》第20章的内容。郭店简42首端尚有“旨我周行”4字，简43末端尚有“子曰”二字，分属前后章节，中有墨钉隔开。上博简21上半尚有33字属上章，简22下半尚有15字属下章，亦有句读符号分隔。上述本章以外的内容这里不作介绍。

[2] 駜：从马、必声，是为马匹之“匹”造的专字，《说文》亦有此字形，训为“马饱”。上博简之“匹”字作“”，右下近于匕旁，可能也是有意改造的字形。今本《缁衣》作“正”，郑玄注：“‘正’当为‘匹’，字之误也。‘匹’谓知识朋友。”郝懿行谓：“盖汉隶书‘匹’‘正’形近，所以致误，非古字通也。”简文可证郑说正确。

[3] “少”下衍重文符号。“少人”即“小人”，“小”、“少”古本一字，秦系分化为两字，然仍混用无别；六国通用“少”，兼表后世小、少二词之义。

[4] 小人岂能好其匹：今本《缁衣》作“小人毒其正”，“毒”或训为怨恨，则是改反问句为陈述句。

[5] 战国文字“友”或赘增无义偏旁“口”，口旁又常增饰笔于其中而同于“甘”。“友”《说文》古文或作“”，即是这类写法的进一步讹变。

[6] 向：与《说文》训“北出牖”的“向”不是一个字，字形来源待考，楚

文字中记录“向”这个词，本简中与“方”对举，可解释为（共同的）志向。今本《缁衣》作“乡”；上博简作“𥃝”，是金文“萛”字异体，即《说文》新附的“鄉”字，“乡”、“𥃝”以音近通读为“向”。

［7］“𢔶”字可分拆为彳、木、丮、夂四个部分，“夂”是“丮”下赘增之形旁，类似的情况两周金文十分常见。丮、夂与木组合，即省去土旁的“埶”，“埶”与“爾”古音相近可通，从彳与从辵同义，故“𢔶”为“邇”字异体。

［8］𧡤：从见、或声，为“惑”字异体，上博简即作“惑”。

［9］𢜩：从心、矣声，是楚文字疑惑之“疑”的专字。上博简作“𢝊”，从心、𠯓声，𠯓、矣为同一字的分化，故“𢝊”为“𢜩”之异体。

［10］𢦔：从戈，上博简作“𢽠”，从攴，攴旁与戈旁义近通用。二形左半所从，或以为是从“𠦪”字分化的一个字，音近于“求”，用为声旁。𢦔、𢽠用为仇匹之“仇”或“逑”，今本《礼记·缁衣》作“君子好仇”，郑玄注：“仇，匹也。”今本《诗·周南·关雎》作“君子好逑”，毛传：“逑，匹也。”

［11］简文“君子”合文，以“子”字上半为共用部件。

［12］𤘔：从子、丑声，“好”字异体。详下延展阅读。

［13］𦔻：从口、之声，为“詩”字异体。“詩”字《说文》古文作“𧥝”，亦从之得声。

【延展阅读】

目前所见的战国简帛材料，除了曾侯乙墓所出属曾国之外，大体都是楚国的遗物。楚地出土的战国竹简，一般比较笼统地称为楚简，从其出土地和历史归属来看，这样说并无问题。不过，楚国出土的竹简，其简文内容、书写用字未必皆属楚。早期发现的如信阳、望山、包山等楚墓的竹简，因为多属楚国人实用性的文书档案，并不存在是否“属”楚的问题；但以典籍古书为内容的郭店、上博等竹简，情况就较为复杂。就内容而言，诸如郭店简《缁衣》、《唐虞之道》等篇目，其作者并非楚人，而上博简《鲍叔牙与隰朋之谏》、《竞公疟》等更是齐国史料，文献来源显然并非楚国。这些文献或可分为两种情况，一是直接从别国引进的书籍，文字风格上原汁原味地保留着引进地的特点；二是由楚国人转抄的别国文献，当中有的可能完全实现了楚文字的转写，有的则仍或多或少地保留着源文献的一些文字特点。目前还很难对书籍性质的竹简文字作十分准确的国别界定，但有些篇章确实存在“非楚”的特点，则是不争的事实。郭店《唐虞之道》、《忠信之道》、《语丛》（一～三）和上博《缁衣》就是被学者明确提出来具有齐系文字特点的抄本。

以下举本书所选录的上博《缁衣》及郭店《语丛三》（见“居处从游之损益”条）等简文中出现的几个例子来说明齐、楚文字形体和用字习惯的差异。

（1）好：好（郭店《缁衣》42）——𢼸（上博《缁衣》21）

从女、从子的“好”字贯串整个汉字历史，读为“好”的“𢼸”字出土文献仅见于上博《缁衣》和郭店《语丛一》、《语丛二》。传抄古文还能找到“𢼸”的遗迹。《说文》：“䜥，人姓也。从女、丑声。《商书》曰：无有作䜥。”段玉裁注：“壁中古文叚䜥为好。”今本《书·洪范》作“无有作好”，《古文四声韵》引古《尚书》则作“𢼸”。一般认为，传抄古文主要来源于孔子壁中书，壁中书正是齐鲁一系的文字。

（2）匹：駜（郭店《缁衣》42）——𠤲（上博《缁衣》21）

“匹”字金文作“𠤲”（卫簋），亦见于随县竹简，随县竹简还有写作“䮾”（简 131）之例，增马旁作马匹之“匹”的专字。一般楚文献马匹之“匹”作“駜”，匹夫之“匹”作“佖”，皆从必得声，马、人作为义符各适其义。“𠤲”还见于郭店《唐虞之道》，应是承金文“匹”字写法而变，右下所从近于匕旁，可能也是有意改造的字形。

（3）疑：𢘅（郭店《缁衣》43）——𢘅（上博《缁衣》22）

“疑”字战国文字多从心表意，楚文字以“矣”为声，上博《缁衣》则以“矣”为声。“矣”虽是“矣”的分化字，但二者及相关之字战国时代都有明显的地域分野。楚文字之“矣”、“𢘅”，上博《缁衣》、郭店《唐虞之道》诸篇分别作“矣”、“𢘅”，连仅是与之形近的“舜”字，也有类似分立，楚文字作“𡕘”，《唐虞之道》作“𡕘”。“舜”字《说文》古文作“𡕘”，即后者之讹变。

（4）莊：臧（郭店《穷达以时》8）——𤖼（郭店《语丛三》9）

庄敬之“莊”楚文字皆写作“臧”（“臧”同时也表示“藏”这个字）；郭店《语丛三》则写作“𤖼”，右半构形虽未详，但与《说文》“莊”字古文吻合。《说文》古文多被认为主要来自孔子壁中书。

《说文叙》谓战国时代“诸侯力政，不统于王”，造成“田畴异亩，车涂异轨，律令异法，衣冠异制，言语异声，文字异形”。战国时代因为不同政治区域的分治，文字形制确确实实存在着地域差异，故王国维曾提出著名的东西土文字说，当世学者进而分齐、楚、燕、三晋、秦等系对战国文字进行分域研究。当然，战国文字字形的地域之“异”有其相对性，它们仍是一家之眷属，异同并见，互有影响。

2. 易・大畜[1]

【图版】

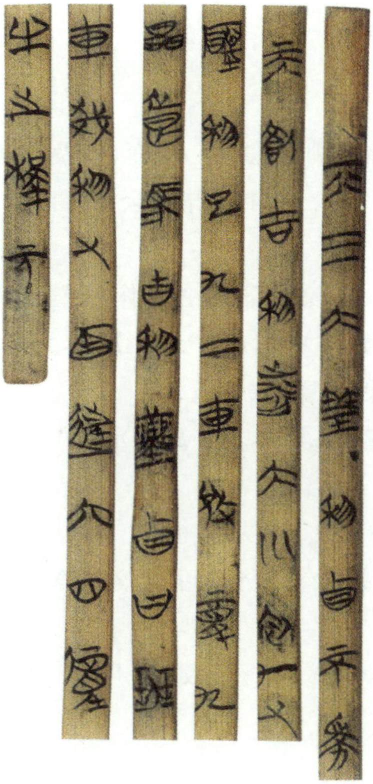

简 22

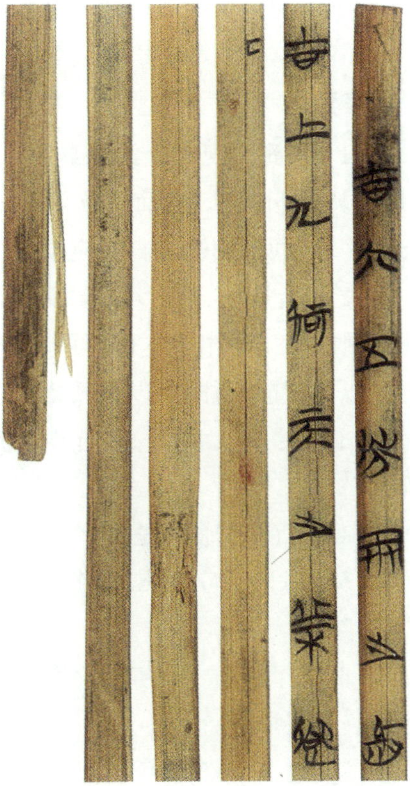

简 23

【释文】

䷙大竺(筑)[2]:利贞,不勳(稼)[3]而飤(食)[4],吉,利涉大川。初儿[5],又(有)礰(厉)[6]利巳。儿二,车敚(脱)复(輹)[7],九晶(三)[8],良马由(逐),利堇(艰)贞,曰班车戗(卫)[9],利又(有)卣(攸)逪(往)[10]。六四,僮牛之梏(梏)[11],元【简 22】吉。六五,芬(豮)豕之圅(牙)[12],吉。上九,袦(荷)[13]天之茉[14],卿(亨)。【简 23】

【著录】

《上海博物馆藏战国楚竹书》(三)《周易》简 22—23。

【注释】

[1] 楚简。现藏上海博物馆。上博简《周易》共存 58 简,涉及今本《周易》34 卦内容。完简两端平齐,长 44 厘米。每卦抄毕后余简留白,不接抄。本条所选共 2 简,对应今本"大畜"卦。

[2] 竺:从土、竺声,应是"築"字异体,《说文》"築"字古文作"篁",亦从土。对应马王堆帛书本作"蓄"、今本作"畜"。《象》曰:"天在山中,大畜,君子以多识前言往行,以畜其德。"然则"築"、"蓄"义亦近。

[3] 勳:简文从力、豦省声,应是"稼"字异体。卦辞原或是"不稼而食"。

[4] 饮食之"食",楚文字皆作"飤"。《说文》:"飤,粮也。"

[5] 此"九"字第二笔作一长横,当是抄手写误,可比较本篇其他"九"字。

[6] 礰:从石、蠆声,为"厲"字异体。"厲"字《说文》从厂,厂即石之省。

[7] 輹:捆绑车伏兔与车轴的绳索。

[8] 晶:字又写作"厽"(见"三王者之作"条),是"曑"、"参"的简省,在楚简中多表示数词"三"。

[9] 戗:从戈、谷(jué,九年卫鼎作"")省声,护卫之"衛"的另造

专字。

[10] 進:“往”字楚简写法,《说文》正篆作“徃”,从彳与从辵同义。“進”、“徃”所从之“㞷”,甲骨文作“”(合集 10405),从止、王声,是“往”字初文。

[11] 檡:从木、睪声,“睪”即“梏”之象形初文。甲骨文有字作“”(合集 806),象人戴上颈枷手铐之形,即《说文》“鞫”、“簕”等字所从的“䩻”或“䪆”,诸字所谓的“幸”、“革”等偏旁,皆“睪”之变,“檡”对应马王堆帛书本正作“鞫”。

[12] 㽙:下从“齒”字古文,与“牙”字《说文》古文作“”者略似,为“牙”字的楚文字写法。

[13] 㰤:从力、可声,负荷之“荷”的专字。

[14]《说文》:“苿,两刃臿也。从木、,象形。宋魏曰苿也。”又:“梩,苿臿也。从木、入,象形,皕声。”马王堆帛书本作“瞿”,今本作“衢”,皆当读为“梩”。“梩”、“苿”义近,皆指起土耕作用的农具。

【延展阅读】

本卦马王堆帛书本作:

泰蓄:利贞,不家食,吉,利涉大川。初九,有厉利巳。九二,车说緮。九三,良马遂,利根贞,曰阑车卫,利有攸往。六四,童牛之鞫,元吉。六五,哭豨之牙,吉。尚九,何天之瞿,亨。

今本作:

大畜:利贞,不家食,吉,利涉大川。初九,有厉利已。九二,舆说輹。九三,良马逐,利艰贞,曰闲舆卫,利有攸往。六四,童牛之牿,元吉。六五,豶豕之牙,吉。上九,何天之衢,亨。

异文是文献训诂的重要线索,《周易》既有不同时代的多个版本可对照,通过版本之间异同分析,有助于增进对卦文的理解。试以本条所录《大畜》为例说之:

(1) 不家食。今本与马王堆帛书本同。孔颖达疏云:“‘不家食吉’者,已有大畜之资,当使养顺贤人,不使贤人在家自食,如此乃吉也。”上博简整理者亦解释为“受禄于国,而不食于家”。然简文与“家”对应之字,字形与简本《周易》其他两处"豙"字写法有异，下半所从也明显不同于本条所见之"豖"字，实应隶定为"𠢷"，从力，示有动词义，应是"稼"字异体。简文"不𠢷而食"较他本多一连词"而"，也就无法解释为"不在家自食"或"不食于家"，而以读为"不稼而食"较胜。

(2)何天之衢。"衢"马王堆帛书本作"瞿"，过往释读不一。或释"道"，《象传》："道大行也。"或读"休"，解"何天之衢"为"受天之佑"（李镜池《周易通义》）。整理者则引《书·顾命》"一人冕，执瞿"，解为兵器。简文作"茉"，《说文》训为"两刃臿"，与"衢"、"瞿"似无关涉；不过，《说文》另收与"茉"形义相关的"㮚"，"㮚"从朙得声，与"衢"、"瞿"无疑可相通假。由此可知，此处版本异文的关系很可能是：茉→㮚→衢、瞿，前者是同义换用，后者属音近假借。

通过诸本对读，反过来也有助于古文字的考释。

(1) 𢧢。此形前已见于楚帛书，但未能确释。据《周易》诸本，其与"衛"为异文。以此复验其他文献中的"𢧢"，如楚帛书"山陵不卫"、"以为其卫"，上博《交交鸣乌》"君子相好，以自为卫"（简4，见"交交鸣乌"条），上博《用曰》"非人是恭，厥身是卫"（简6），皆可读通，故知此"𢧢"应是表护卫义的"衛"之专字。

(2) [木㚔]。马王堆帛书本作"鞫"，今本作"牿"。"[木㚔]"从㚔，甲骨文有字作""（[㚔勹]，合集806），象人戴上颈枷手铐之形，表示颈枷手铐的部分，即"㚔"，故"㚔"当为"梏"之象形初文。《说文》有一系列从"[㚔勹]"或"[㚔勹]"的字，读音与"告"相近，许慎已解释不清楚其字形，秦汉简帛的"鞫"字，多表示审讯问罪义。综合古文字字形和文献用例，赵平安先生指出，"[㚔勹]"或"[㚔勹]"其实就是"[㚔勹]"字之变，本义是械系、拘禁，引申之可表示审讯问罪，这个意义后加言旁分化为"鞫"。鞠躬之"鞠"《说文》作"𠣞"，形义均从"[㚔勹]"引申分化。（赵平安《释"[㚔勹]"及相关诸字》）

3. 不盈于十言而百世不失之道[1]

【图版】

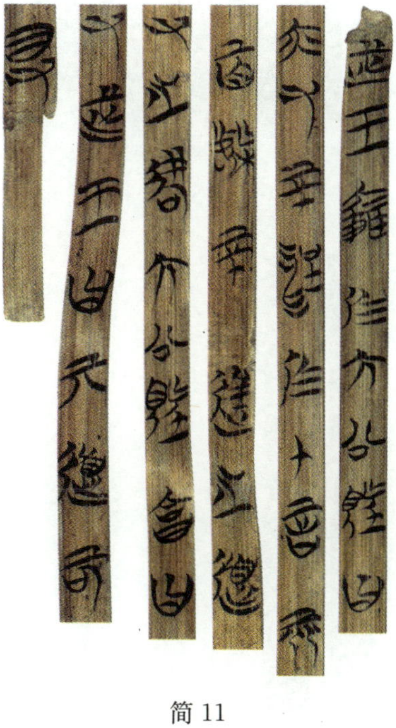

简 11

简 12

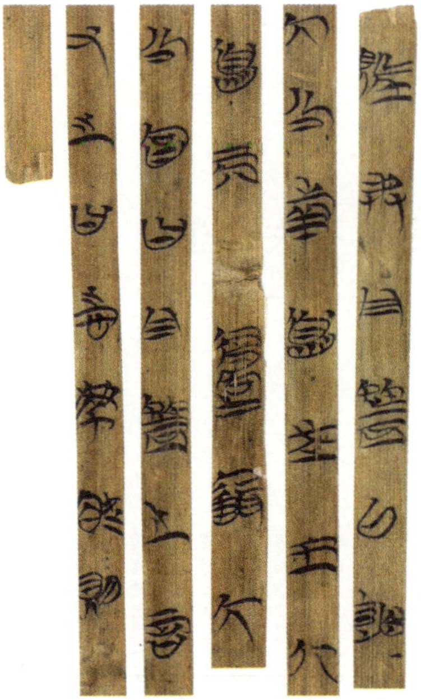

简 13

简 14

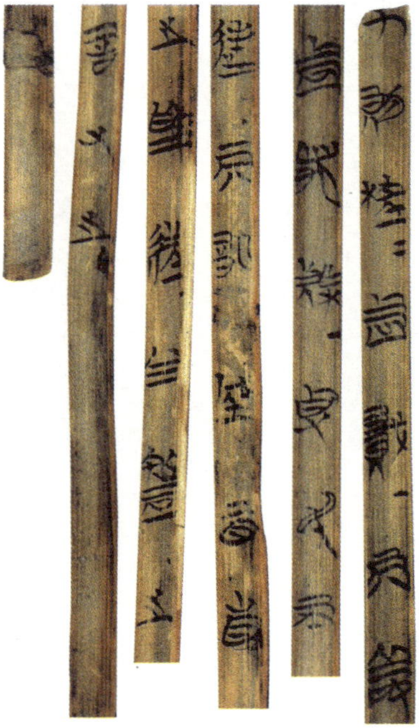

简 15

【释文】

武王䎽(问)[2]于大(太)公䀢(望)[3]曰:"亦又(有)不浧(盈)[4]于十言而百殜(世)[5]不遳(失)[6]之道,又(有)之虗(乎)[7]?"大(太)公䀢(望)倉(答)[8]曰:"又(有)。"武王曰:"亓(其)道可𣈆(得)[9]【简 11】[以]䎽(闻)虗(乎)?"大(太)公䀢(望)倉(答)曰:"身则君之臣,道则圣人之道。君斋,牆(将)[10]道之;君不祈,则弗道。[11]"武王斋七日,大(太)【简 12】[公]䀢(望)弄(奉)[12]丹箸(书)[13]以朝。大(太)公南面,武王北面而退(复)䎽(问)[14]。大(太)公倉(答)曰:"丹箸(书)之言又(有)之,曰:'志勳(胜)[15]欲则【简 13】[昌],欲勳(胜)志则丧[16];志勳(胜)欲则从,欲勳(胜)志则凶;敬勳(胜)怠(怠)[17]则吉,怠(怠)勳(胜)敬则烕(灭)。'[18]不敬则不定,弗【简 14】[强]则梪=(枉。枉)者戠(败)[19],而敬者万殜(世)。吏(使)民不逆而训(顺)成,百眚(姓)[20]之为绪[21]。丹箸(书)之言又(有)之。"[22]【简 15】

【著录】

《上海博物馆藏战国楚竹书》(七)《武王践阼》简 11—15。

【注释】

[1] 楚简。现藏上海博物馆。《武王践阼》存 15 简,上端皆有残断,存简长在 41.6—43.7 厘米之间,篇题为整理者所加。此篇从字体风格、内容来看,前 10 简和后 5 简应是内容相关但互相独立的两部分,有学者称为甲、乙本。前者讲师尚父以丹书之言告武王,武王因而作铭;后者讲太公望以丹书之言告武王,没有武王作铭的记载。本篇内容亦见于今本《大戴礼记·武王践阼》,其中甲本与之最为接近。本条所选为后一部分,即所谓乙本。

[2] 䎽:从耳、昏声,即"聞"字《说文》古文,为闻见之"聞"的专字,战

国文字虽已有从耳、从门的“聞”字，但多不表示闻见之“聞”，如齐国玺印“右聞(门)司马”(《古玺汇编》0031)。战国简帛“聞”、“問”同字，未分化，简文此处读为“問”，下文简 12 则读为“聞”。

[3] 䀢:“望”字异体。“望”楚简或省作“室”，增义符见则成“䀢”。太公望即姜尚，名望，吕氏，字子牙，被周文王封为太师，尊为师尚父，辅佐周武王灭商。因功封于齐，为齐国始祖而称“太公望”。

[4] 浧:本为水名(参“楚居”条)，楚文字用为盈满之“盈”的专字。

[5] 殜:“世”字古写。世代之“世”取象于“枼”(为枝叶之葉的异体字)，战国文字增歺旁表意，《说文》:“歺，𠛱骨之残也。从半冎。”简文此字从死，下文简 15 则从歺，古文字从歺与从死同义。

[6] 逵:“逸”字古写，本作“㚔”，从止、从㚔，㚔本象枷锁之形，以止在㚔外会逃逸之意，辵为累增形旁。“逵”在楚文字中代表“失”这个词。

[7] 语气词“乎”楚简多作“虐”，是借“虎”字之声并增加口旁改造而成。与《说文》“虐”字古文同形。

[8] “㑹”是“合”字繁构，问答之“答”楚文字皆如是作，问答之“答”与“合”同源。

[9] 㝵:从又(手)持贝，“得”字初文。战国文字“貝”旁常省最下两笔，与“目”旁形近。

[10] 牆:《说文》“醬”字古文，副词“將”楚文字皆如是作。

[11] 斋指在祭祀或典礼前清心寡欲，净身洁食，以示庄敬。祈与斋可能是同一类活动。简文甲本称“武王祈三日”(简 2)，今本《大戴礼记·武王践阼》作“王齐三日”，“斋”从齐得声，“齐三日”即“斋三日”。

[12] 弄:“奉”字初文，会两手捧物之义，丰兼表音。“奉”是“弄”累增手旁而成。

[13] 箸:从竹、者声，书籍之“書”楚文字写法，后世著作之“著”即由此变。丹书:传说为赤雀所衔的瑞书。《吕氏春秋·应同》:“及文王之时，天先见火，赤乌衔丹书集于周社。”《史记·周本纪》“生昌，有圣瑞”张守节正义引《尚书帝命验》:“季秋之月甲子，赤爵衔丹书入于酆，止于昌户。其书云:‘敬胜怠者吉，怠胜敬者灭……以不仁得之，不仁守之，不及其世。’”

[14] “太公南面，武王北面”:《大戴礼记·武王践阼》有“先王之道不

北面”，王聘珍注引《礼记·学记》：“大学之礼，虽诏于天子，无北面，所以尊师也。”简文甲本作武王“东面而立”。

［15］ 乘力：从力、乘声，战国文字胜利之“勝”的写法。

［16］ “喪”字简文作“”，是金文“喪”字作“”（毛公鼎）者之省变。详参“靡言不酬，靡德无复”条。

［17］ 怠：从心、訇声，“怠”字楚文字写法，“訇”是台、司双声字。简文“怠”又累增人旁。

［18］ “丹书之言”到此为止，其后是太公望的评论。

［19］ 戝：“败”字异体。“败”《说文》籀文作“敗”，亦从二贝，从戈与从攴同义。

［20］ 姓氏之“姓”楚简通作“眚”。

［21］ “百姓之为绪”即百官各安其序，《庄子·山木》：“进不敢为前，退不敢为后，食不敢先尝，必取其绪。”陆德明《释文》：“绪，次绪也。”

［22］ 今本《大戴礼记·武王践阼》和简文甲本于吕望（师尚父）之言后，有武王作铭的记述。

【延展阅读】

丹书传说中为赤雀所衔的瑞书，这是古代对前代遗典神圣化的惯常做法。简文甲本称其存“黄帝、颛顼、尧、舜之道”（今本《武王践阼》作“黄帝、颛顼之道”），简文乙本则借武王之口，称丹书的价值是“不盈于十言而百世不失之道”。故此简文甲本有言“仁以得之，仁以守之，其运百世”（简4），乙本更云“敬者万世”（简15）。丹书既如此神圣，如此重要，故宣读之前就需要隆重其事。简文乙本只略提“斋七日”，甲本则有详细描述：

> 武王祈三日，端服冕，逾堂阶，南面而立，师尚父［曰］：“夫先王之书，不与北面。”武王西面而行，矩折而南，东面而立。

今本《大戴礼记·武王践阼》亦有类似记述：

> 王齐三日，端冕，师尚父亦端冕，奉书而入，负屏而立，王下堂，南面而立，师尚父曰：“先王之道不北面！”王行西，折而南，东面而立，师尚父西面道书之言。

君臣之礼通常是王南面、臣北面，简文乙本记道丹书之言时是“太公南面，武王北面”，简文甲本及《大戴礼记》则云武王“东面而立”，则师尚父当西面。南北相对为君臣之礼，而太公望居君位；东西相对是主宾之礼，而师尚父居主位。此时太公望（师尚父）是以丹书教导武王，故立于尊位。所谓“先王之书，不与北面”，无非都是烘托丹书地位崇高。

至于丹书之言，简文甲、乙本及《大戴礼记·武王践阼》表述虽互有出入，但大意不差。

志胜欲则[昌]，欲胜志则丧；志胜欲则从，欲胜志则凶；敬胜怠则吉，怠胜敬则灭。（简文乙本）

怠胜义则丧，义胜怠则长；义胜欲则从，欲胜义则凶。（简文甲本）

敬胜怠者吉，怠胜敬者灭；义胜欲者从，欲胜义者凶。（《大戴礼记》）

有学者已经指出，简文甲本与“怠”相对的“义”，可能是受下文“义”字影响将“敬”字误抄，“敬”与“怠”对举于义为长。

简文乙本上述文句之后，有以下文句：

不敬则不定，弗[强]则枉。枉者败，而敬者万世。使民不逆而顺成，百姓之为绪。

通常认为亦属“丹书之言”，不过对比甲本：

仁以得之，仁以守之，其运百[世]；不仁以得之，仁以守之，其运十世；不仁以得之，不仁以守之，及于身。

尤其是《大戴礼记·武王践阼》：

凡事，不强则枉，弗敬则不正，枉者灭废，敬者万世。藏之约、行之行、可以为子孙常者，此言之谓也！且臣闻之，以仁得之，以仁守之，其量百世；以不仁得之，以仁守之，其量十世；以不仁得之，以不仁守之，必及其世。

从“此言之谓也”、“且臣闻之”等语可知，这些话语实为太公望（师尚父）宣读丹书之言后所作的评论，正因为如此，乙本文末才会重复“丹书之言有之”，这是在强调，只有遵循“丹书之言”，才能“百世不失”。值得注意的是，今本《大戴礼记》实际上是把简文甲、乙两本所记糅合在一起了。

《六韬·文韬》有以下文段：

文王寝疾，召太公望，太子发在侧。“呜呼！天将弃予，周之社稷，将以属汝。今予欲师至道之言，以明传之子孙。”太公曰：“王何所问?”文王曰:“先圣之道,其所止,其所起,可得闻乎?”太公曰:“见善而怠,时至而疑,知非而处,此三者,道之所止也。柔而静,恭而敬,强而弱,忍而刚,此四者,道之所起也。故义胜欲则昌,欲胜义则亡;敬胜怠则吉,怠胜敬则灭。”

太公望所言之最后四句,即上述所谓“丹书之言”,只是此处对话的场景,换成了文王托孤而已。

丹书之言简短、句式整齐且用韵,正合简文乙本开头所谓“不盈十言”,又与简文甲本及《大戴礼记》记武王所作之铭的形式十分相似。武王作铭是受丹书之教后启发的,丹书之言与武王之铭形式一致,显然是顺理成章的事。

4. 周公祝告先王[1]

【图版】

简 1

简 2

简 3

简 4

简 5

【释文】

武王既克𡊄(殷)[2]三年,王不𤻙(豫)[3],又(有)𡰥(迟)[4]。二公[5]告周公曰:“我亓(其)为王穆卜。”周公曰:“未可以【简 1】戚[6]虐(吾)[7]先王。”周公乃为三坦(坛)同𡈼(墠)[8],为一坦(坛)于南方,周公立𠬝(焉)[9],秉璧峕(持)珪[10]。史乃册[11],【简 2】祝告先王曰:“尔元孙𤼷(发)[12]也,𧶊(遘)遈(害)䖈(虐)疾[13],尔母(毋)乃有备(服)子之责才(在)上[14]。隹(惟)尔元孙𤼷(发)也,【简 3】不若但

(旦)[15]也,是年(佞)若丂(巧)能[16],多志(才)多埶(艺)[17],能事褰(鬼)[18]神。命于帝猛(廷),尃(溥)又(有)四方,以奠(定)尔子【简4】孙于下陞(地)[19]。尔之御(许)[20]我=(我,我)则晉(厌)[21]璧与珪;尔不我御(许),我乃以璧与珪逩(归)[22]。"【简5】

【著录】

《清华大学藏战国竹简》(壹)《金縢》简1—5。

【注释】

[1] 楚简。2008年从香港文物市场购入,现藏清华大学。清华简共有完、断简2400多枚,估计原有整简约在1700—1800枚,包含篇章超过60篇。清华简是继郭店、上博两批楚简之后又一批重新发现的珍贵战国书籍,其中有多篇《尚书》及体裁与《尚书》相类的文献,同时还有编年体的史书,具有重要的学术价值。《金縢》篇共14简,完简长45厘米,两端齐平,简背有次序编号。全篇简文与今本《尚书》的《金縢》大致相合。简文原于第14简简背有篇题"周武王有疾周公所自以代王之志"。本条节选自《金縢》前5简,讲述周武王有疾,周公祝告先王的内容,简5末段尚有"周公乃内其"等字,这里不作介绍。

[2] 殹:"殷"字繁构,增邑旁表意。既克殷三年,今本《尚书》作"既克商二年"。

[3] 痽:从余得声,今本作"豫",《说文》引作"悆":"《周书》曰:有疾不悆。悆,喜也。"

[4] 㞒:读为"遲",《说文》"遲"字异体作"迟",从㞒得声。

[5] 二公:《史记·鲁世家》以为太公、召公。

[6] 戚:简文作"慼",《说文》:"慼,忧也。"今本《金縢》郑玄注:"未可忧怖我先王也。"

[7] 虐:楚文字表示第一人称代词的专用字,相当于传世文献的"吾"。字形是将"虎"字下半近于人形的部分改造成"壬"而成,同时借用"虎"的读音。

［8］𡏳：从坦得声，读为“墠”。《礼记·祭法》：“是故王立七庙，一坛一墠。”郑玄注：“封土曰坛，除地曰墠。”坛是举行古代祭祀或朝会、盟誓的高台，墠是供祭祀用的经清扫的场地。

［9］𡚸：楚文字的“安”字，简文中又兼借来表示指示代词或语气词“焉”。

［10］峕：从百、之声，是楚文字“戴”的用字，“之”可能是“首”形上部笔画的变形声化。简文中可读为“持”，与“秉”同义。璧、珪均是古代祭祀常用的瑞玉。

［11］册：祭告天地神祇的文书。

［12］元孙发：指周武王。今本作“元孙某”，《鲁世家》作“元孙王发”。向先王祝告，可不避王讳。

［13］𦔻：从力、毂声，“毂”从嗀得声，与“遘”音通。遾，读为“害”；字所从之“䖒”即伤害之“害”的本字，甲骨文作“[illegible]”（合集 2435），会足趾为虫虺所咬意。𧊒，“虐”字异体，字上半之“虐”即“虐”《说文》古文，增“䖵”强化表意。今本作“遘厉虐疾”，孔传：“厉，危。”

［14］毋乃：表反诘语气。服子，今本作“丕子”，《鲁世家》作“负子”。服可能有服事之意，与下文“事鬼神”对应。

［15］但：即旦，周公自称其名。

［16］年若丂能：可读为“佞若巧能”，周公称己有高才而巧能。今本作“仁若考能”，俞樾《群经平议》：“‘予仁若考’者，予佞而巧也。‘佞’与‘巧’义相近，‘仁’与‘巧’则不类矣。《史记·周本纪》‘为人佞巧’。亦以‘佞巧’连文，是其证也。”

［17］埶：树艺之“藝”的本字，古文字象人屈体以手植草木于土之形，本义为种植，引申指技艺、才能。

［18］槐：“鬼”的专字，累增形旁“示”，同于《说文》古文。

［19］陀：从阜、从土、它声，“地”字古写。今“地”字所从之“也”本“它”旁讹变。

［20］誁：从言、卸（“御”字初文）声，“許”字异体。

［21］𣌭：构形本义不详，新蔡简人名“王孙厭”，又可写作“王孙𣌭”，可知简文此处亦可读为“厭”，义为进献。

[22] 逯:"歸"字楚文字写法,改从辵。

【延展阅读】

本条今本《尚书·金縢》作:

> 既克商二年,王有疾,弗豫。二公曰:"我其为王穆卜。"周公曰:"未可以戚我先王。"公乃自以为功,为三坛同墠。为坛于南方,北面,周公立焉;植璧秉珪,乃告大王、王季、文王。史乃册祝曰:"惟尔元孙某,遘厉虐疾;若尔三王,是有丕子之责于天,以旦代某之身。予仁若考能,多材多艺,能事鬼神;乃元孙不若旦多材多艺,不能事鬼神。乃命于帝庭,敷佑四方,用能定尔子孙于下地;四方之民,罔不祗畏。呜呼!无坠天之降宝命,我先王亦永有依归。今我即命于元龟,尔之许我,我其以璧与珪,归俟尔命;尔不许我,我乃屏璧与珪。"

与简文字句大致相同。简文"尔之许我,我则厌璧与珪;尔不我许,我乃以璧与珪归"一句,体现了古人对鬼神的态度,除了跪拜祈求,也作利诱之辞,颇为有趣。类似的情况在出土文献中也不乏其例,如九店简"告武夷":

> [皋!]敢告□繗之子武夷:尔居复山之址,不周之野,帝谓尔无事,命尔司兵死者。今日某将欲食,某敢以其妻□齎汝[聂]币、芳粮,以量赎某于武夷之所。君向受某之聂币、芳粮,使某来归食□□。

大意是兵死者的妻子请求武夷让兵死者暂时脱离管辖,回到人间享受美食。为求得到武夷的应允,以"聂币"、"芳粮"作为赎罪交换的条件。

祈祷祝告,往往带有许愿性质,承诺若愿望得遂,将以某种方式答谢神灵,秦骃祷病玉版云:

> 小子骃敢以介圭、吉璧吉叉以告于华大山。大山有赐,俏已吾腹心以下至于足骭之病,能自复如故,请□祠用牛牺贰,其齿七,□□□及羊、豢,路车四马,三人壹家,壹璧先之。□□用贰牺、羊、豢,壹璧先之,而覆华大山之阴阳,以□□咎,□咎□□,其□□里,世万子孙,以此为尚。苟令小子骃之病日复,固告大令大将军,人壹□□,王室相如。

秦曾孙小子骃患腹心以下至于足骭之病,向华大山祷告,并许诺若"能自复如故”，将用牺牲、车马、玉璧等重礼埋于华大山之阴阳来加以报答，而且子孙后代均照此祠奉，大将军、王室等亦奉以祭品。有关承诺可谓具体而细致，可见祝祷者的焦急迫切心情。

有关楚人占卜祭祷的实录，可参“卜筮祭祷记录”条。

5. 天象无形[1]

【图版】

简 9　　　　　　简 10

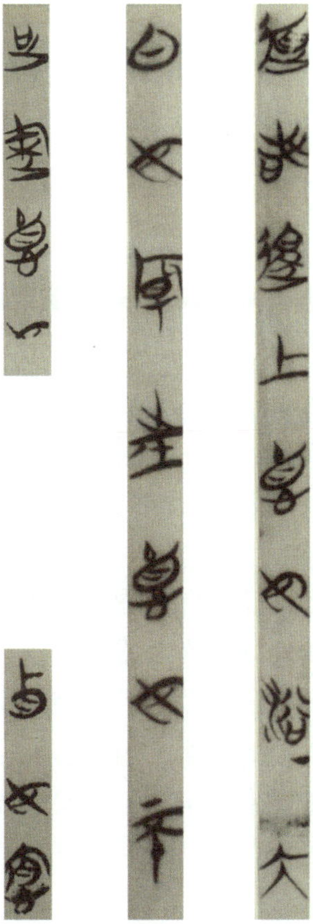

简 11

简 12

【释文】

上士昏(闻)[2]道,堇(仅)能行于丌(其)中=(中;中)士昏(闻)道,若昏(闻)若亡(无);下士昏(闻)道,大芺(笑)[3]之,弗大【简 9】芺(笑),不足以为道矣。是以建言又(有)之:明道女(如)孛(昧)[4],迟(夷)[5]道【简 10】如缋(纇)[6],【残简 20】[进]道若退。上悳(德)[7]女(如)浴(谷)[8],大白女(如)辱,坐(广)[9]德女(如)不足,建德如[偷,质]贞女(如)愈(渝)。[10]【简 11】大方亡(无)禺(隅),大器曼(晚)成,大音祗(希)[11]圣(声),天象亡(无)垦

(形)[12],道[始无名,善始善成。]【简 12】

【著录】

《郭店楚墓竹简》之《老子》乙篇简 9—12、残简 20。

【注释】

[1] 楚简。1993 年湖北荆门郭店 1 号楚墓出土,现藏荆门市博物馆。郭店简共有三种《老子》抄本,可与今本《老子》其中的 31 章对应,文句互有异同,而章节次序大异。郭店简《老子》是迄今为止所见年代最早的《老子》抄本。其中乙篇共 18 简,涉及今本 13、20、41、45、48、52、54、59 章,竹简两端齐平,简长 30.6 厘米,部分简下端残去。本条所录,为对应今本第 41 章的内容。

[2] 楚简"聞"、"問"同字,未分化,写作"䎽"、"𦖞",从耳、昏声,与《说文》古文同,也常借"昏"为之。简文此处"昏"读为"聞"。

[3] 芺:从犬、艸声,"笑"的本来写法。今"笑"字竹旁为艸旁之讹,夭旁为犬旁之讹,两种讹变古文字均有类似之例。楚简还有一例"笑"字作"犾"(上博简《竞建内之》),可证"芺"确从艸得声。(参见"三德"条)

[4] 孛:马王堆帛书《老子》乙本作"费",王弼本作"昧",此据后者括注。

[5] 迡:《说文》"遲"字或体,所从之"尼"与"夷"往往通用。

[6] "纇"一般解释为不平。

[7] 悳:即"德"字初文,楚简皆写作"悳"。《说文》"悳":"外得于人,内得于己也。"

[8] 浴:山谷之"谷"的楚文字写法,《说文》谓"泉出通川为谷",增水旁强化表意,与沐浴之"浴"同形。

[9] "廣"字楚文字作"㞷"或从㞷得声的"宔","㞷"是往来之"往"的初文。

[10] "建"一般认为通"健",健壮。"偷"据今本拟补,义为苟且、懈怠。愈,读为"渝"。

[11] "祇"字古文字作""(召伯簋)、""(中山王壶),构形不明,简

文“祇”字即其变。“祇”可通“希”。

［12］今本作“大象无形”。

【延展阅读】

上引文段，王弼本《老子》第 41 章作：

上士闻道，勤而行之；中士闻道，若存若亡；下士闻道，大笑之。不笑，不足以为道！故建言有之：明道若昧，进道若退，夷道若纇。上德若谷，大白若辱，广德若不足，建德若偷，质真若渝。大方无隅，大器晚成，大音希声，大象无形。道隐无名，夫唯道，善贷且成。

马王堆汉墓帛书《老子》乙本（甲本全段残毁）则作：

上□□道，堇能行之；中士闻道，若存若亡；下士闻道，大笑之。弗笑，□□以为道。是以建言有之曰：明道如費，进道如退，夷道如类。上德如浴，大白如辱，广德如不足，建德如□，质□□□。大方无禺，大器免成，大音希声，天象无刑。道褒无名，夫唯道，善始且善成。

简单对比之下，可知简本与上述二本在文句表达上颇有差异。如马王堆乙本“堇能行之”，按照王弼本读为“勤而行之”并无不可，但简本作“堇能行于其中”，结合下句“若闻若无”，此“堇”显然不应读为“勤”，以读为“仅”较合文意。此与“取法乎上，仅得其中”义近。又王弼本“若存若亡”，存、亡对举，简本则作“若昏若亡”，按照楚文字的用字习惯，“亡”一般应读为有无之“无”，加之没有与“存”对应的语境，简本“亡”应读为“无”。

此外，王弼本“大象无形”，马王堆乙本与简本皆作“天象无形”，虽然大、天义近，但两种出土文献版本均于“大方”、“大器”、“大音”之后，另出“天象”之辞，似是别有用意，读者宜细玩味焉。

6. 圣人无为，故无败[1]

【图版】

简 11

简 12

简 13　　　　简 14

【释文】

为之者敳(败)[2]之，䋬(执)[3]之者遳(失)[4]之。圣人无为，古(故)无敳(败)也；无䋬(执)，古(故)[无失也。]【简 11】新(慎)[5](终)[6]若訇(始)[7]，则无敳(败)事壴(矣)。人之敳(败)也，亙(恒)[8]于丌叡(且)[9]成也敳(败)之。是以[圣]【简 12】人欲不欲，不贵戁(难)[10]旻(得)之货；学不学，逘(复)众斎＝(之所)沘(过)[11]。是以能補(辅)蠆(万)勿(物)[12]【简 13】之自肰(然)[13]而弗敢为。▬[14]【简 14】

【著录】

《郭店楚墓竹简》之《老子》丙篇简 11—14。

【注释】

[1] 楚简。1993 年湖北荆门郭店 1 号楚墓出土，现藏荆门市博物馆。郭店简《老子》丙篇共 14 简，涉及今本 17、18、31、35、64 章，竹简两端齐平，简长 26.5 厘米，部分简下端残去。本条所录，为对应今本第 64 章的内容。

[2] 敗：从二贝，与“敗”字《说文》籀文同。

[3] “执”字甲骨文作“”(合集 10438)，从㚔(象枷锁之形)、从丮，会人双手被锁之意，可隶定为“𡙁”。古文字丮旁下往往赘增夊旁，夊旁又讹变为女旁，遂成了简文此形。“𡙁”与下文“逹”之初文“𡴘”以止在㚔外会逃逸之意正相反。

[4] “逹”在楚文字中代表“失”这个词。

[5] 新：“慎”字古写。

[6] “終”字初文作“”(合集 19735)，象丝绳两端之形，简文“”即其演变。

[7] 詞：从言、⿰司省声，“詞”字楚文字写法。简文读为“始”。

[8] 死：“亙”字增繁。“亙”甲骨文作“”(合集 14749)，以月在天地之间表示恒常之义，是“恆”的本字，《诗·小雅·天保》：“如月之恆。”《说文》以“亙”为“極”的古文，“死”为“恆”的古文，又分析“亙”从舟，不尽准确。后世一般写作“恒”。

[9] 叡：楚文字“且”的常见写法。

[10] 戁：当是“難”字累增心旁的异体，又如郭店《老子》甲篇“戁(难)惕(易)之相成也”(简 16)，与《说文》训为“敬也”的“戁”同形。类似增加心旁的现象在郭店楚简中比较多见。

[11] 逃：从辵、化声，“過”字楚文字写法，化、咼古音相近。

[12] 墓：“萬”字繁构，土为赘加的无义偏旁，类似现象战国文字较常见。物品之“物”楚文字通写作“勿”。

[13] 肰，《说文》：“犬肉也。”然，《说文》：“烧也。从火、肰声。”“然”为

燃烧之“燃”的本字。楚简的用字习惯，固定以“肰”表示虚词“然”，以“然”表示寒热之“热”。（参“太一生水”条）

[14]“为”字后墨节，标示本章结束，其后留白，留白部分图版未显示。

【延展阅读】

上引文段，王弼本《老子》第64章作：

> 其安易持，其未兆易谋，其脆易泮，其微易散。为之于未有，治之于未乱。合抱之木，生于毫末；九层之台，起于累土；千里之行，始于足下。为者败之，执者失之。是以圣人无为，故无败；无执，故无失。民之从事，常于几成而败之。慎终如始，则无败事。是以圣人欲不欲，不贵难得之货；学不学，复众人之所过。以辅万物之自然而不敢为。

其中“始于足下”以上，为简本此段所无，而见于郭店《老子》甲篇（简25—27）。马王堆汉墓帛书《老子》乙本（甲本文字与乙本大致相同）与简本相对的部分则作：

> 为之者败之，执者失之。是以耶人无为□□□□□□□□□□□□□。民之从事也，恒于其成而败之。故曰：慎冬若始，则无败事矣。是以耶人欲不欲，而不贵难得之货；学不学，复众人之所过。能辅万物之自然而弗敢为。

从简本情况看，战国时代可能还没有形成后世《老子》的固定形貌，各章节文字内容虽已较为固定，但章节之间分合不定，存在众多不同的抄本。

7. 太一生水[1]

【图版】

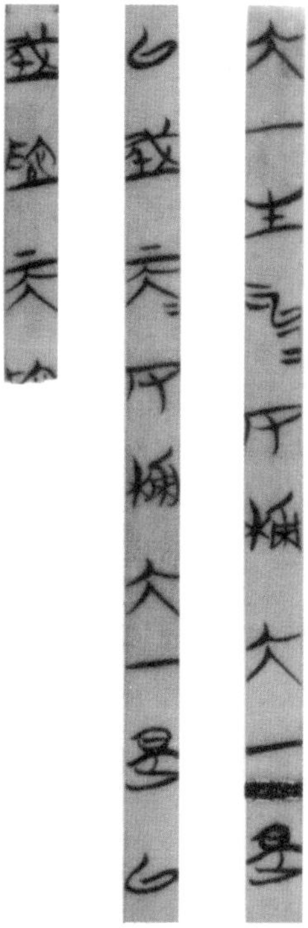

简 1

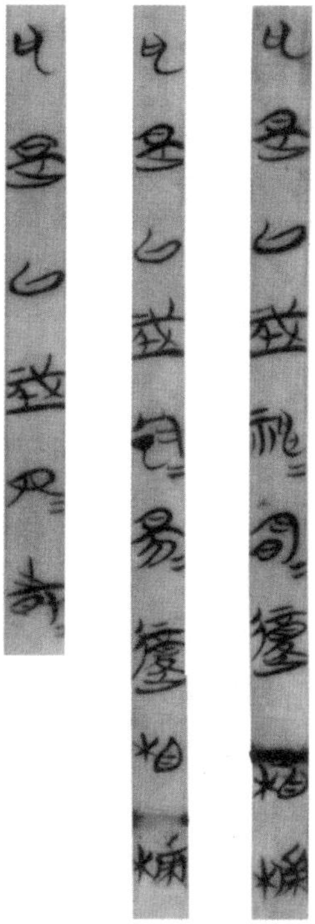

简 2

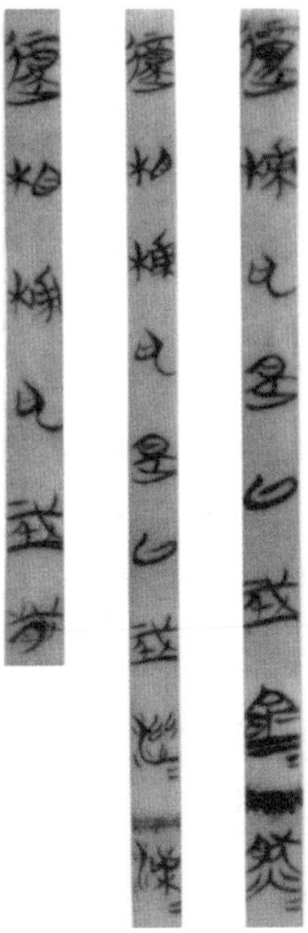

简 3

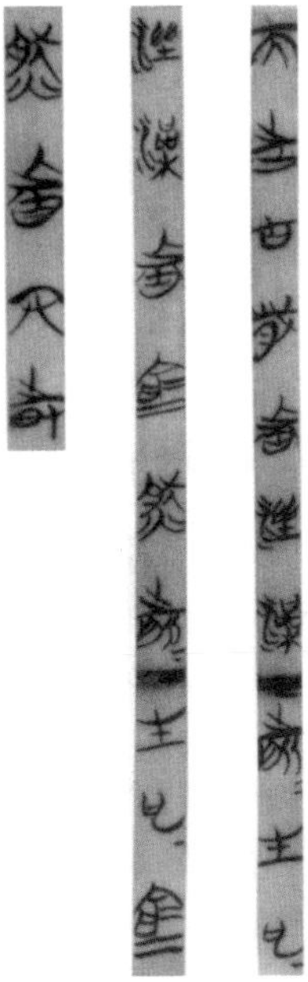

简 4

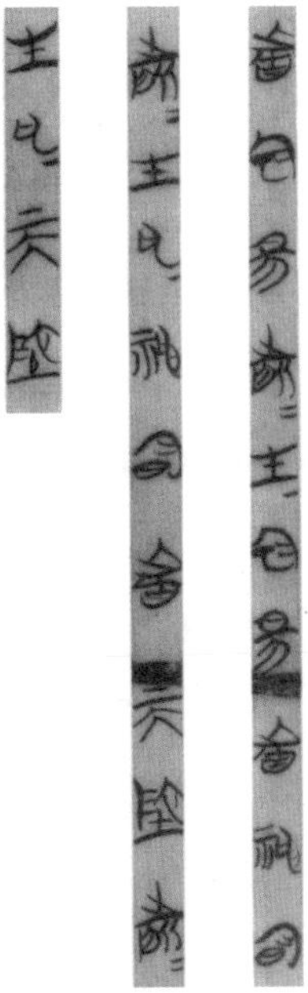

简 5

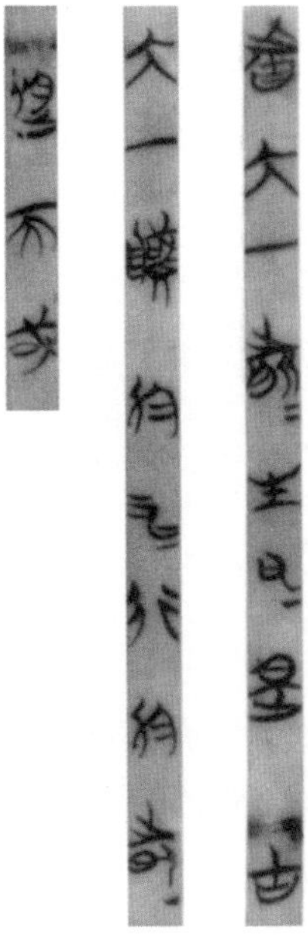

简 6

简 7

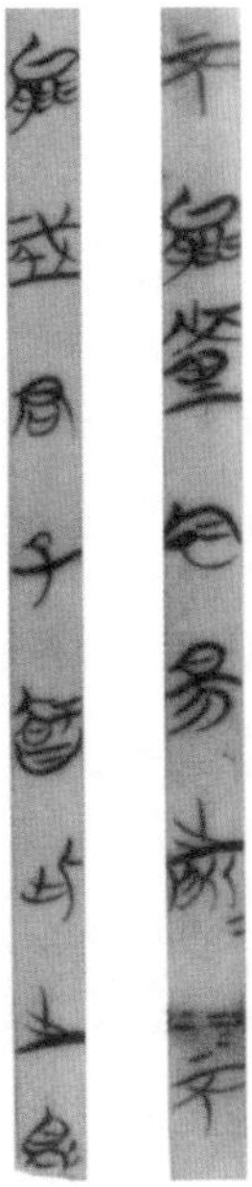

简 8

【释文】

大(太)一[2]生水=(水,水)反桶(辅)[3]大(太)一,是以成天一(天;天)反桶(辅)大(太)一,是以成陛(地);天陛(地)[复相辅]【简 1】也,是以成神=明=(神明;神明)退(复)[4]相桶(辅)也,是以成侌=昜=(阴阳;阴阳)[5]退(复)相桶(辅)也,是以成四=时=(四时;四时)【简 2】退(复)桶(辅)也,是以成仓=然=(沧热;沧热)[6]退(复)相桶(辅)也,是以成湿=澡=(湿燥;湿燥)[7]退(复)相桶(辅)也,成散(岁)[8]【简 3】而蛍(止)[9]。古(故)散(岁)者,湿澡(燥)斎=(之所)[10]生也;湿澡(燥)者,仓(沧)然(热)斎=(之所)生也;仓(沧)然(热)者,[四时之所生也][11];四时【简 4】者,侌(阴)昜(阳)斎=(之所)生;侌(阴)昜(阳)者,神明斎=(之所)生也;神明者,天陛(地)斎=(之所)生也;天陛(地)【简 5】者,大(太)一斎=(之所)生也。是古(故)大(太)一賊(藏)[12]于水,行于时,逌(周)[13]而或[始,以己为]【简 6】蔓(万)勿(物)母,罷(一)块(缺)罷(一)浧(盈)[14],以吕(已)[15]为蔓(万)勿(物)经,此天斎=(之所)不能杀,陛(地)斎=(之所)【简 7】不能厘(埋)[16],侌(阴)昜(阳)斎=(之所)不能成。君子智(知)此之胃(谓)☐[17]【简 8】

【著录】

《郭店楚墓竹简》之《太一生水》简 1—8。

【注释】

[1] 楚简。1993 年湖北荆门郭店 1 号楚墓出土,现藏荆门市博物馆。《太一生水》共 14 简,两端齐平,简长 26.5 厘米,部分竹简下端残去,篇题为整理者所加。形制和字体均与郭店《老子》丙篇一致,学者或疑其与《老子》丙篇本合抄为一册。《太一生水》论述宇宙生成过程,强调作为万物本源的“太一”和“水”的重要性,与道家观念一致,属于道家早期文献。本条

所选，为《太一生水》前 8 简，其中简 1、6、8 有残断，部分可据文意拟补。

［2］“太”是“大”的后起分化字，“大一”即“太一”。“太一”传世典籍又写作“泰一”、“天一”，是“道”的别名。《吕氏春秋・大乐》：“道也者，至精也，不可为形，不可为名，强为之谓之太一。”

［3］楠：从木、甫声，读为“輔”。

［4］逯：“復”字异体，辵旁与彳旁义近，古文字中常可互易。

［5］“侌”、“昜”是阴、晴义之本字；“陰”、“陽”从阜，是地势背阴、向阳的意思，所谓山南水北为阳、山北水南为阴。传世文献通以“陰”、“陽”兼表“侌”、“昜”。

［6］楚系文字以“倉”或“滄”表示寒、“然”表示热，“然”、“热”音近，以“倉”或“滄”表寒则可能是楚方言的反映。《说文》：“滄，寒也。从仌、仓声。”又：“滄，寒也。从水、仓声。”从水之“滄”应是“滄”寒义的本来写法，从仌之“滄”是后来为表义需要改易义符而成。

［7］澡：读为“燥”，《说文》：“燥，干也。”《淮南子・天文》：“阳气为火，阴气为水；水胜故夏至湿，火胜故冬至燥。”

［8］“歲”字甲骨文作“”（合集 14940）、“”（合集 7411）、“”（合集 13475），从戉，从两点、两止或月旁。楚文字的“歲”字戉旁变作戈旁，左上的止旁最后一笔常与戈旁的横笔合并笔画，而左下则从“月”表示时间义。偶尔也写作“歲”（望山简 2・1），月旁换作日旁，构形原理相同。

［9］䒨：上从之，下从止，在楚简中根据不同语境读为“止”或从之得声之字。简文此处读为“止”。

［10］简文“之所”合文，两字之间一横为共用笔画。

［11］依文义，原简夺“四时之所生也”一句，今据拟补。

［12］賦：从贝、臧声，“臧”是“臧”对应的楚文字写法，“賦”是藏匿之“藏”的专字。

［13］逿：从辵、舟声，“舟”、“周”音近，“逿”是周匝环绕之“周”的专字。

［14］罷：楚文字表示“一”这个词的特殊写法，构形不明，或以为是“熊”字分化。浧：楚文字盈满之“盈”的专字。

［15］㠯：己字增繁，口旁为赘加无义偏旁。简文“㠯”字已旁与口旁

共用笔画。

［16］䨳："薶"字异体，简文中读为"埋"。《荀子·儒效》："天不能死，地不能埋。"

［17］古文字"知"、"智"皆写作"㿱"。"胃"字后残断，文义不详。

【延展阅读】

今本《诗经》中的"止"，有的应作"之"解，这是学术界比较公认的看法，比如：

（1）《车舝》："高山仰止，景行行止。"

（2）《小弁》："维桑与梓，必恭敬止。"

（3）《闵予小子》："念兹皇祖，陟降庭止。"

至于为什么"之"会被写成"止"，于省吾从古文字的角度指出，"之"字和"止"字在小篆到隶楷的中间阶段，字形相近易混。然则"止"、"之"混用的现象不只是因为声韵相同，还因为字形非常接近。（《〈诗经〉中"止"字的辨释》，《泽螺居诗经新证》，中华书局，1982年）

不过，"之"、"止"形近而别，过往的出土文献材料没有明显的讹混例证："止"是足趾的象形初文，甲骨文作""（合集16377），西周金文作""（召伯簋），战国文字作""（郭店《语丛一》82），小篆作""，秦汉以降作""（马王堆帛书）、""（夏承碑）、""（熹平石经）。"之"从止在一上，一为地，象足趾在地上行动，故《尔雅·释诂》训为"往"，甲骨文作""（合集17410），西周金文作""（善夫克鼎），小篆作""，秦汉以降作""（马王堆帛书）、""（银雀山汉简）、""（熹平石经）。故于说尚不免有疑。

战国简帛材料给我们带来了新线索，"之"、"止"的真正交集就在战国阶段。上引《太一生水》"成岁而止"，读为"止"的字作"𡳿"，上从之，下从止，这个字过去曾一度被误释为"步"，通过楚简，现在知道这个字有以下用法：

一是读为"止"，如："知𡳿（止）不殆。"（郭店《老子》甲36）"《诗》云：'淑慎尔𡳿（止），不愆于仪。'"（郭店《缁衣》32）

二是读为从"之"得声的侍、待、等诸字，如："出入𡳿（侍）王。"（包山

232)“㞢(待)物而后作,㞢(待)悦而后行,㞢(待)习而后奠。”(郭店《性自命出》1)“贵贵,其㞢(等)尊贤,义也。”(郭店《五行》35)

从用字情况看,“㞢”读为“止”的用例最多,应该是战国文字表示“止”的一种写法,上博《内豊》6 有“善则从之,不善则㞢之”句,“㞢之”读为“止之”,此句“㞢”与“之”并立,可以为证。但“㞢”既从“之”,又有读为侍、待、等诸字之例,且“㞢＝”还可作“止之”的合文(上博《昭王毁室》10),固宜造成误读进而误记。

值得指出的是,学者提到的《诗经》“止”读为“之”之例,战国文字有直接写作“止”的,如《文王》:“穆穆文王,于缉熙敬止。”郭店《缁衣》作:“穆穆文王,于缉熙敬㞢。”(简 33—34)上博《缁衣》作:“穆穆文王,于𢆶𦣞敬止。”(简 17)故有关问题还有更深入探讨的必要。

8. 诗无隐志[1]

【图版】

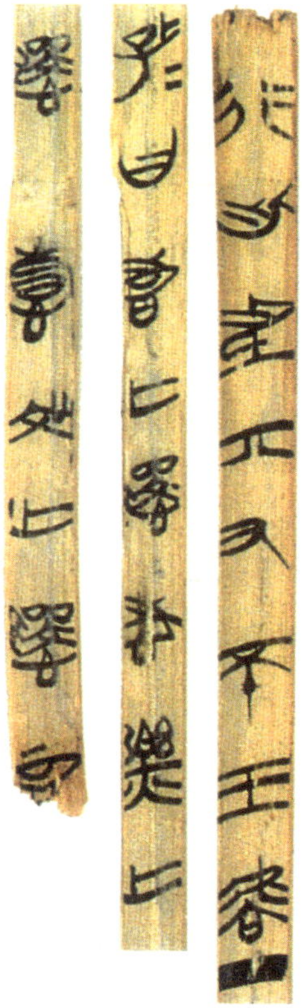

简 1

【释文】

▬孔＝（孔子）[2]曰："詿（诗）[3]亡（无）隱（隐）[4]志，乐亡（无）隱（隐）情，吹（文）[5]亡（无）隱（隐）言☐

【著录】

《上海博物馆藏战国楚竹书》（一）《孔子诗论》简 1。

【注释】

[1] 楚简。现藏上海博物馆。上博简《孔子诗论》（篇题为整理者所加）是现存最早最完整的一篇诗学专论，篇中记录了大量的孔子论诗言语，包含珍贵的儒家诗学思想。此篇现存完、残简 29 枚，完简长 55.5 厘米，简端修削成弧形。本条选自《孔子诗论》第 1 简。本简上下皆残，下端最后一"言"字仅存上半；上半段还有"行此者，其有不王乎"等文字，中间以墨节与本条文字隔开。墨节以上的文字，或以为属于与本篇接抄在同一卷的《子羔》篇的内容，或以为亦属于本篇诗论内容。

[2] 简文"孔子"合文。"孔"字写法特别，其演变详下延展阅读。

[3] 詿：从言、之声，即"詩"字《说文》古文。简文此字上从之，下从言，"之"的最后一横与"言"共用笔画。此字以下，简面左边有所磨损，"隱"、"亡"等字左边笔画墨迹不清，但不影响识认。

[4] 隱：可分析为从心、陖声，"陖"所从的"笅"即战国文字的"鄰"字，上半的两个圆圈是"鄰"的初文，"文"是附加的声旁。"陖"从阜、笅声，可能是隐蔽之"隱"的异体，增加心旁的"隱"则专门表示心理、语言方面的隐。一说"隱"可读为"蕴"。

[5] "吹"字从口，口旁与文旁共用笔画。《说文》"吝"字古文作"𠯌"，与此形近。《诗论》篇"文"字有两种写法，一作"文"，专用为文王之"文"；一作"吹"，用于表示"文"的其他意义。

【延展阅读】

上博简《孔子诗论》与《鲁邦大旱》、《子羔》三篇笔迹相同，为同一个书

手抄写。其中“孔”字(“孔子”合文)凡17见,都写作如下之形:

与一般“孔”字作“”(虢季子白盘)相差甚远,主要是右上的弧笔写成了“卜”形。

2000年8月16日,上海博物馆在《文汇报》头版公布了后来命名为《孔子诗论》的两枚简,其中之一就是本简的局部,即自“不王乎”以下共18字。有关报道并把此简墨节下的“”释为“孔子”。由于整理者未说明根据,材料又未完整公布,缺乏上下文义和其他材料佐证,单从字形分析,“孔子”之释未得到公认。同年8月19日至22日,在北京大学主办的“新出简帛国际学术研讨会”上,有学者怀疑该合文应释为“卜子”,卜子就是卜商,即孔子弟子中以文学著称的子夏。后来,又有学者怀疑,合文可能是“子上”,即孔子的曾孙、子思的儿子。

有关疑团,待到《上海博物馆藏战国楚竹书》(一)公布之后,才得以解开。是书不仅完整公布了《孔子诗论》的全部简文,还列举了《子羔》、《鲁邦大旱》(此二篇发表在上博简第二册)涉及到“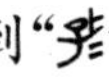”的简文,其中最有力的证据莫过于后来编为《鲁邦大旱》第3简的以下这句话:“出遇子贡,曰:‘赐,尔闻巷路之言,毋乃谓丘之答非欤?’子贡曰……”出遇子贡的人应该就是与哀公对答过的“”,既然自称为“丘”,无疑应该就是孔子。(详“鲁邦大旱”条)至此,关于“”的释读争议基本平息。

不过,“孔子”合文的确认,主要依靠的是上下文文义,“孔”字字形的演变过程如何,还有必要作进一步探讨。战国文字常有将交接的横竖两笔连写成弧笔的简率写法,如:

乍	 曾姬无恤壶	——→	 楚王酓章镈
亡	 包山171	——→	 上博《民之父母》5
中	 包山138	——→	 包山140反

忠  → 

郭店《鲁穆公问子思》1 → 郭店《鲁穆公问子思》2

其中“中”、“忠”二例是两种写法并见于同篇，说明两种写法在当时人眼中并无差别，可以替换。既然如此，演变的方向完全可以相反，“孔”字字形的演变就是如此：

 →  → 

上博《中弓》12 → 上博《相邦之道》4 → 上博《子羔》9

与以下“乍”字(详“宣王始弃帝籍”条)右上笔画的演变过程十分类似：

 →  → 

合集 6923 → 乙亥鼎 → 乃孙作父己鼎

由此可见，战国文字字形变异虽然剧烈，但梳理其历史源流，大多仍能找到变迁之迹，这也是战国文字考释的重要途径。

9.《甘棠》得宗庙之敬[1]

【图版】

简 24

【释文】

虐(吾)以《甘棠》旻(得)宗窗(庙)[2]之敬。民眚(性)[3]古(固)肰(然),甚贵丌(其)人,必敬丌(其)立(位)[4],敚(悦)[5]丌(其)人,必好丌(其)所为,亚(恶)丌(其)人者亦肰(然)。

【著录】

《上海博物馆藏战国楚竹书》(一)《孔子诗论》简 24。

【注释】

[1] 楚简。现藏上海博物馆。本条选自上博简《孔子诗论》第 24 简,是对《诗·甘棠》的评论;《诗论》篇与本条一样采取"吾以《××》得××,民性固然……"格式论诗的尚有《葛覃》(简 16—24)、《木瓜》(简 20)、《杕杜》(简 20—27)等,可参看。本简上半段还有"后稷之见贵也,则以文武之德也"等文字,是评论另一首诗《葛覃》的,此不赘。本条释文从第 20 字开始。

[2] 窗:从宀、苗声,庙堂之"廟"战国文字的常见写法,与《说文》古文作"庿"同理,从宀与从广同义。

[3] 性情之"性"和姓氏之"姓"楚文字一般以"眚"表示。

[4] "位"、"立"同字,自甲骨文、金文以降皆然,"位"是后起分化字。

[5] "兑"、"敚"、"悦"等字本同源,楚简常以"兑"表示喜悦之"悦","敚"表示祭名攻说之"説",表喜悦义之"悦"字初见于上博简《性情论》。《说文》有"説"而无"悦",传统上认为"説"、"悦"是古今字(见《说文》"説"字下段注),《论语·学而》"学而时习之,不亦说(悦)乎"便是其证。然而从出土文献情况看,"説"字并不见得早于"悦"字产生,二者均为"兑"的分化字。

【延展阅读】

今本《诗·召南·甘棠》作:

蔽芾甘棠,勿翦勿伐,召伯所茇。

蔽芾甘棠，勿翦勿败，召伯所憩。

蔽芾甘棠，勿翦勿拜，召伯所说。

《毛传》谓："《甘棠》，美召伯也。召伯之教，明于南国。"《史记·燕召公世家》："周武王之灭纣，封召公于北燕……召公巡行乡邑，有棠树，决狱政事其下，自侯伯至庶人各得其所，无失职者。召公卒，而民人思召公之政，怀棠树不敢伐，哥咏之，作《甘棠》之诗。"后遂以"甘棠"称颂循吏的美政和遗爱。

简文言《甘棠》得宗庙之敬，传世文献也多有类似记述。《左传·定公九年》引君子谓："《诗》云：'蔽芾甘棠，勿翦勿伐，召伯所茇。'思其人，犹爱其树，况用其道而不恤其人乎？"《说苑·贵德》："孔子曰：'吾于《甘棠》，见宗庙之敬也。甚贵其人，必敬其位，顺安万物，古圣者之道几哉。'"《孔子家语·好生》："孔子曰：'吾于《甘棠》，见宗庙之敬也，甚矣。思其人，必爱其树；尊其人，必敬其位，道也。'"《韩诗外传》卷三："太公曰：'爱其人者，及屋上乌；恶其人者，憎其胥余。'"《孔子家语·庙制》载孔子与子羔语，在引《甘棠》诗句后云："周人之于召公也，爱其人犹敬其所舍之树，况祖宗其功德可以不尊奉其庙焉。"可以参看。

《诗论》提到《甘棠》的评论还有："《甘棠》之保（报）"（简 10），"☐及其人，敬爱其树，其保（报）厚矣；甘棠之爱，以召公☐"（简 15）。

10. 三王者之作[1]

【图版】

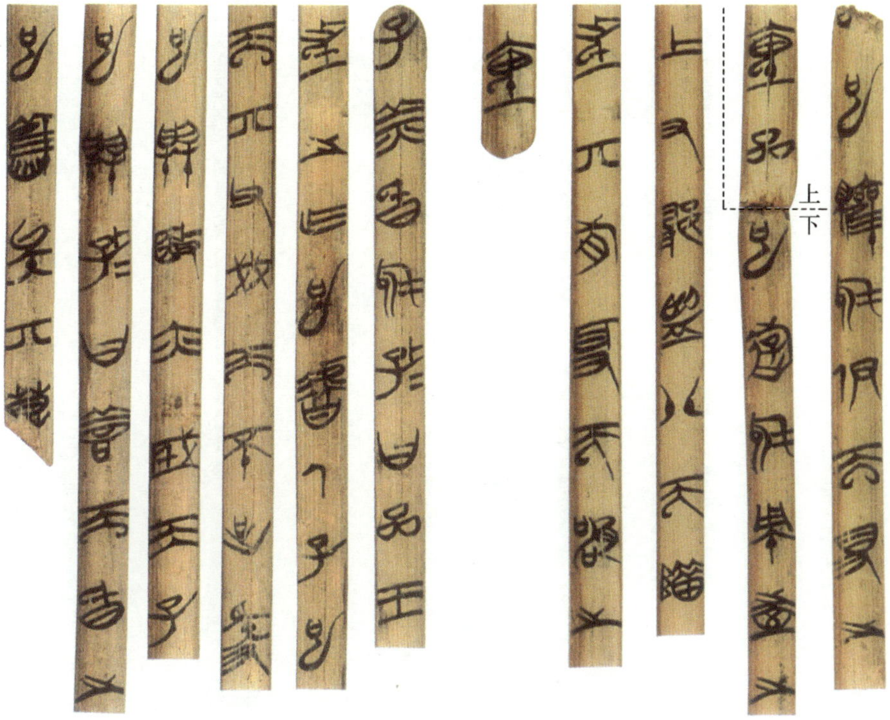

简 9　　简 11

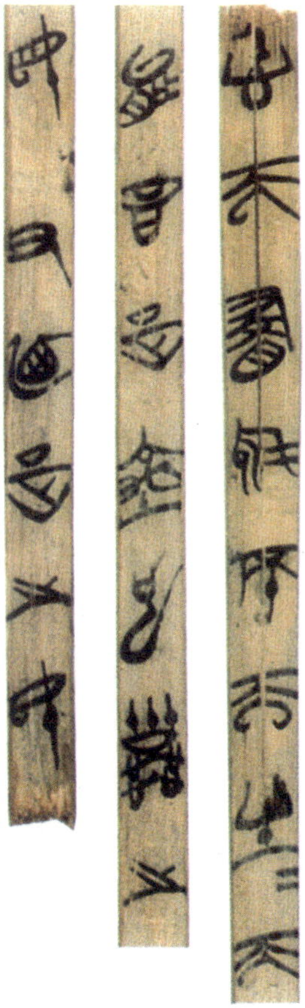

简 10

港藏战国简 3

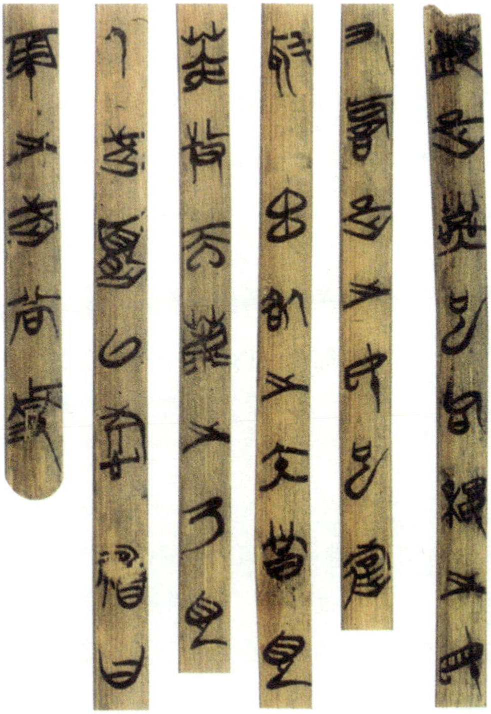

简 12

简 13

【释文】

子羔[2]昏(问)于孔＝(孔子)曰:"厽(三)[3]王者之乍(作)也,虘(皆)[4]人子也,而丌(其)父戔(贱)而不足爯(称)也与(欤)[5]?殹(抑)[6]亦成(诚)天子也与(欤)?"孔＝(孔子)曰:"善,而昏(问)之也。旧(久)[7]矣,丌(其)莫□□□。[禹之母,有莘氏]【简 9】[之女]也[8],观于伊[9]而旻(得)之,寏(怀)[10]厽(三)【简 11 上】忎(年)[11]而画(划)于伓(背)[12]而生＝(生,生)而能言,是墨(禹)[13]也。卨(契)[14]之母,又(有)迺(娀)是(氏)之女【简 10】也[15],游于央台之上,又(有)鷃(燕)[16]监(衔)卵而階(措)者(诸)丌(其)歬(前)[17],取而軟(吞)之,寏(怀)【简 11 下】三忎(年)而画(划)于雁(膺)[18],生乃虖(呼)曰:【港藏战国简 3】'钦!'

是𥜽(契)也。句(后)稷[19]之母,又(有)䢵(邰)是(氏)[20]之女也,游于玄咎之内,各(冬)[21]见芺,攼(搴)而荐之[22],乃见人武[23],履以悊(忻)[24],祷曰:帝之武,尚吏(使)【简 12】□□□□□□□□□□□,是句(后)稷{之母}[25]也。厽(三)王者之乍(作)也,女(如)是。"【简 13】

【著录】

《上海博物馆藏战国楚竹书》(二)《子羔》简 9—13,《香港中文大学文物馆藏简牍》战国简 3。

【注释】

[1] 楚简。上博简现藏上海博物馆,香港简现藏香港中文大学文物馆。《子羔》篇存 14 简,大多残断,篇题为原简本有。竹简形制、字体与《孔子诗论》、《鲁邦大旱》同。本条节选自《子羔》篇记述"三王者之作"部分,原整理者将不相连的两段拼接为简 11,简序现已按最新研究较原整理者有所调整,拼接香港中文大学藏战国简 3 之后,文句基本完整,只有两处残缺。简 13 后尚有"子羔曰:然则三王者孰为"等字,这里不作介绍。

[2] 子羔:孔子弟子。《史记·仲尼弟子列传》:"高柴,字子羔。少孔子三十岁。子羔长不盈五尺,授业孔子,孔子以为愚。"

[3] 厽:"参"的简省,在楚简中多用来表示数词"三"。

[4] 虘:战国文字"皆"字的常见写法。

[5] 三王者:指下文的禹、契、后稷,即夏、商、周三代的始祖。

[6] 䝼:"殴"字异体,读为"抑"。

[7] 长久之"久"与新旧之"舊"本同源,楚简皆写作"舊"。"久"《说文》训为"从后灸之"(此据徐锴《系传》),传世文献借来表示长久义。

[8] 从下文可知,此句讲的是禹的感生神话。《大戴礼记·帝系》:"鲧娶于有莘氏,有莘氏之子谓之女志氏,产文命。"禹的母亲是有莘氏之女,故可据下文格式拟补缺文。

[9] "观于伊"与"游于央台之上"、"游于玄咎之内"结构相似,伊是地

名，指伊水。《水经注》有“昔有莘氏女采桑于伊川”的记述。

[10] 寍：从宀、从鬼，鬼旁下半变作壬旁，类似的居于字下的立人形演变作壬旁的例子古文字中比较多见。“寍”简文中读为“怀”。

[11] 忎：从心、千声，《说文》“仁”字古文，楚简常见。简文此处读为“年”。

[12] 楚文字腹背之“背”多写作“伓”或“肧”，从不得声。“划于背”指剖背产子，《春秋繁露·三代改制质文》说“禹生发于背”，与此同。

[13] 楚文字“禹”、“舜”等字常增土旁繁化。禹是夏的先祖。

[14]《说文》：“卨，虫也。从厹、象形。读与偰同。𡿺，古文卨。”“偰”传世文献通常作“契”，又借“卨”为之，简文“𡿺”，亦指契，《说文》谓“高辛氏之子，尧司徒，殷之先”。

[15]《说文》：“娀，帝高辛之妃，偰母号也。”

[16] 鴳：从鸟、妟声，燕子之“燕”楚文字写法。

[17] 歬：前后之“前”的初文，《说文》：“歬，不行而进谓之歬。从止在舟上。”

[18] “划于膺”指剖胸产子，《春秋繁露·三代改制质文》说“契先〈生〉发于胸”，与此同。

[19] 楚文字君后之“后”通写作“句”。古文字“后”、“司”同源，《说文》：“后，继体君也。”简文“稷”字右下夂旁讹作女旁。

[20] 訇：从言、旬省声，“詞”字楚文字写法。“訇”是台、司双声字，故简文中可读为“邰”。有邰氏，后稷之母姜嫄所从出。

[21] 旮：从“終”字初文、从日，“冬”字的楚文字专字。楚文字“春”、“夏”、“秋”、“冬”皆从日。

[22]《说文》：“芺，艸也，味苦，江南食以下气。从艸、夭声。”又：“葽，艸也。从艸、要声。《诗》曰：四月秀葽。刘向说：此味苦，苦葽也。”“芺”、“葽”是一字异体。芺夏历四月长成，简文言“冬见芺”，是言其神异。攼：读为“搴”，义为拔取。

[23] 武：足迹。《诗·大雅·生民》：“履帝武敏。”与简文下文言“帝之武”同。

[24]《史记·周本纪》：“姜原出野，见巨人迹，心忻然说，欲践之，践

之而身动，如孕者，居期而生子。”

［25］此“之母”二字涉上“后稷之母”而衍。

【延展阅读】

有关三代始祖的感生神话，传世文献多有记载，与简文互有异同，略引如下：

（1）禹

《今本竹书纪年》：“帝禹夏后氏，母曰修己，出行，见流星贯昴，梦接意感，既而吞神珠。修己背剖，而生禹于石纽，虎鼻大口，两耳参镂，首戴钩钤，胸有玉斗，足文履已，故名文命。”

张守节《史记正义》：“《帝王纪》云：‘父鲧，妻修己，见流星贯昴，梦接意感，又吞神珠薏苡，胸坼而生禹，名文命，字密，身九尺二寸长，本西夷人也。’”

《遁甲开山图》荣氏解：“女狄暮汲石纽山下泉水中，得月精如鸡子，爱而含之，不觉吞，遂有娠，十四月生夏禹。”

《吴越春秋·越王无余外传》：“鲧取于有莘氏之女，名曰女嬉，年壮未孳，嬉于砥山，得薏苡而吞之，意若为人所感，因而妊孕，剖胁而产高密。”

（2）契

《诗·商颂·玄鸟》：“天命玄鸟，降而生商。”

《今本竹书纪年》：“高辛氏之世妃曰简狄，以春分玄鸟至之日从帝祀郊禖，与其妹浴于玄丘之水，有玄鸟衔卵而坠之，五色甚好，二人竞取，覆以玉筐，简狄先得而吞之，遂孕，胸剖而生契。”

《帝王世纪》：“简翟浴玄丘之水，燕遗卵，吞之，剖背生契。”

（3）后稷

《诗·大雅·生民》：“厥初生民，时维姜嫄。生民如何？克禋克祀，以弗无子。履帝武敏歆，攸介攸止，载震载夙，载生载育，时维后稷。”

《今本竹书纪年》：“初，高辛氏之世妃曰姜嫄，助祭郊禖，见大人迹，履之，当时歆如有人道感己，遂有身而生男。”

从上引的材料可知，关于禹、契、后稷的感生神话，文献记述有所交叉混杂，如禹、契之母皆吞物（珠或卵）而娠，禹母有剖背、胸、胁产子等不同说法，契母亦有剖胸或背之异说。如据简文，则应是禹母剖背、契母剖胸为是；至于剖胁，清华简《楚居》记楚先祖熊丽“溃自胁出”（参“楚居”条），可以比较。

三王感天而生，“其父贱而不足称”，实质是知有母而不知有父，体现的是上古野合杂交或血族群婚的原始氏族社会母系制的历史事实。而禹、契、后稷诞生神话形成之时，先民已经进入了文明时代，他们不能正视这种野蛮事实，便把这种极原始的风俗说成了灵异，这是由母系制向父系制过渡的标识。

11. 鲁邦大旱[1]

【图版】

简 3　　　　简 4

简 5

【释文】

出遇子贛(贡)[2],曰:“赐,而昏(闻)蘣(巷)逄(路)[3]之言,母(毋)乃胃(谓)丘之畣(答)非与(欤)?”子贛(贡)曰“否!殹(繄)[4]虐(吾)子女(如)蓮(重)命[5],亓(其)与[6]。女(如)夫政(正)[7]坓(刑)与悳(德),以事上天,此是才(哉)[8]!女(如)天〈夫〉母(毋)炁(爱)[9]圭璧【简3】帀帛于山川,母(毋)乃不可?[10]夫山,石以为肤,木以为民,女(如)天不雨,石牆(将)鐎(焦)[11],木牆(将)死,亓(其)欲雨或甚于我,或必寺(待)虐(乎)名虐(乎)[12]?夫川,水以为肤,鱼以【简4】为民,女(如)天不雨,水牆(将)沽(涸)[13],鱼牆(将)死,亓(其)欲雨或甚于我,或必寺(待)虐(乎)名虐(乎)?”孔=(孔子)曰:“於(呜)虐(呼)[14]☐”【简5】

【著录】

《上海博物馆藏战国楚竹书》(二)《鲁邦大旱》简 3—5。

【注释】

[1] 楚简。现藏上海博物馆。《鲁邦大旱》共 6 简,其中仅 3、4 简为完简,其余皆残断下截,完简长 55.5 厘米,简端修削成弧形,字体、形制与《孔子诗论》、《子羔》同,篇题为整理者所加。《鲁邦大旱》首二简所存内容大致如下:鲁邦大旱,哀公谓孔子:子不为我图之? 孔子答曰:邦大旱,毋乃失诸刑与德乎? ……(简 1)孔子曰:庶民知说之事鬼也,不知刑与德。如毋爱圭璧币帛于山川,正刑与[德]……(简 2)从残存的简文内容看,孔子指出大旱是鲁国施政失当所致,并提出祠祷求雨与修正刑、德两种对策同时进行。本条所引为孔子见鲁哀公之后与子贡的对话。

[2] 子贛:即孔子弟子子贡,《说文》:"贛,赐也。"子贡正名端木赐。

[3] 𧗳:"巷"字古文字写法,行、止均为形旁,中间部件构形不明。《说文》篆文作"䢽",从邑、共声,"共"可能即"𧗳"字中间部件的变形声化。逄:从辵、各声,"路"字楚文字写法,从辵与从足义近。

[4] 戝:简 6 作"攺",皆"殹"字异体,戈、攴、殳为义近形旁。简文中读为"繄",语助词,《左传・隐公元年》:"尔有母遗,繄我独无。"

[5] 動:从辵、童声,"動"字异体。简文中读为"重","重命"即重视天命。

[6] "其"代指民众,"与"即赞成,简 2 言"庶民知说之事鬼",而孔子赞成"祠祷","巷路之言"以孔子为重视天命,故均认同孔子之答。

[7] 简 1、2 两言"刑与德",故此处"政刑"不能连读,"政"当读为"正",动词,"刑与德"为其宾语。儒家一贯重德轻刑,《论语・为政》:"道之以政,齐之以刑,民免而无耻;道之以德,齐之以礼,有耻且格。"简文此处所谓"正刑与德",应是说鲁哀公重刑而轻德,故两者皆须纠正。

[8] "哉"从"𢦏"声,"𢦏"从"才"声,故"才"可用为"哉"。

[9] 㤅:从心、旡声,"愛"的本字,简文此处义为吝惜。

[10] 以上两句表明,子贡同意修正刑德,但对祠祷求雨提出质疑,下

文即其质疑的理据。

［11］ 𩁹：从雔，即"焦"字《说文》正篆。

［12］ "虗"是楚文字代表"吾"这个词的专字，简文借为语气词"乎"，简 5"呜呼"之"呼"则作"虐"，类似的一形异词、一词异形同见于一篇的现象楚简比较常见。"待乎名"即等待祠祷时祠祷者呼唤其名，此处"名"作动词。一说当读为"待吾名"，义为等待我们的呼唤。

［13］ 沽："湖"字楚文字写法，简文中读为"涸"。

［14］ "於"、"烏"本一字分化，"於虐"即呜呼。下文残去。

【延展阅读】

祓旱是古籍中一个常见的话题，与《鲁邦大旱》子贡所言相似的内容，亦见于《晏子春秋·内篇谏上》：

> 齐大旱逾时，景公召群臣问曰："天不雨久矣，民且有饥色。吾使人卜，云祟在高山广水。寡人欲少赋敛以祠灵山，可乎？"群臣莫对。晏子进曰："不可！祠此无益也。夫灵山固以石为身，以草木为发，天久不雨，发将焦，身将热，彼独不欲雨乎？祠之无益。"公曰："不然，吾欲祠河伯，可乎？"晏子曰："不可！河伯以水为国，以鱼鳖为民，天久不雨，泉将下，百川竭，国将亡，民将灭矣，彼独不欲雨乎？祠之何益！"景公曰："今为之奈何？"晏子曰："君诚避宫殿暴露，与灵山、河伯共忧，其幸而雨乎！"于是景公出野居暴露，三日，天果大雨，民尽得种时。景公曰："善哉！晏子之言，可无用乎！其维有德。"

语句虽相近，语境及立意则均不同。

上博简《柬大王泊旱》也有"祓旱"，不过其主角已换为楚简王。有关大旱的原因，《柬大王泊旱》通过太宰之口指出："诸侯之君之不能治者，而刑之以旱。夫虽毋旱，而百姓移以去邦家。此为君者之刑。"（简 11—12）与《鲁邦大旱》的观点大体一致。而求雨的方式，《柬大王泊旱》则同于《晏子春秋》所记，君王野外暴晒三日，"三日，大雨，邦赖之。发驲适四疆，四疆皆熟"。（简 16）

相似的故事模型或话语表述，置于不同的语境当中，其立意往往有别。关于《鲁邦大旱》的释读，学者有不同的意见，如认为孔子反对祠祷祈雨,“夫山,石以为肤,木以为民”等语皆应为孔子所言。但值得留意的是,《鲁邦大旱》中,虽然孔子强调要“正刑与德”,但也提到“庶民知说之事鬼也,不知刑与德”,简 6 还有“公岂不饭粱食肉哉,繄无如庶民何”,也应是孔子的话。简 5“呜呼”之后所缺的内容,很可能是孔子解释赞成祠祷求雨的原因——顾及庶民的感受,只有双管齐下才易于根本解决问题。

同一个故事模型在不同古书中被安排在不同历史人物身上,并根据不同的需要增删嫁接,这种现象在文献中不乏其例。余嘉锡《古书通例》“古书多造作故事”章云:“若夫诸子短书,百家杂说,皆以立意为宗,不以叙事为主;意主于达,故譬喻以致其思;事为之宾,故附会以圆其说;本出荒唐,难与庄论。”出土简帛文献为研究古书流播情况提供了新的材料。

12. 君子为礼，以依于仁[1]

【图版】

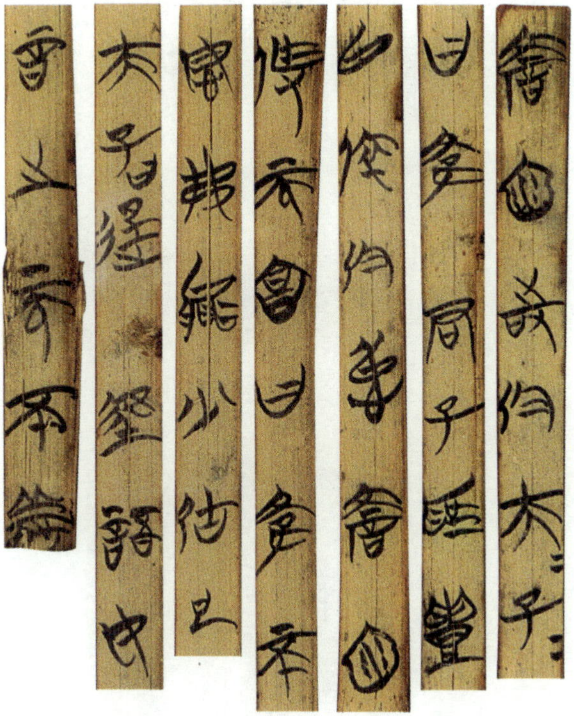

简1

简 2

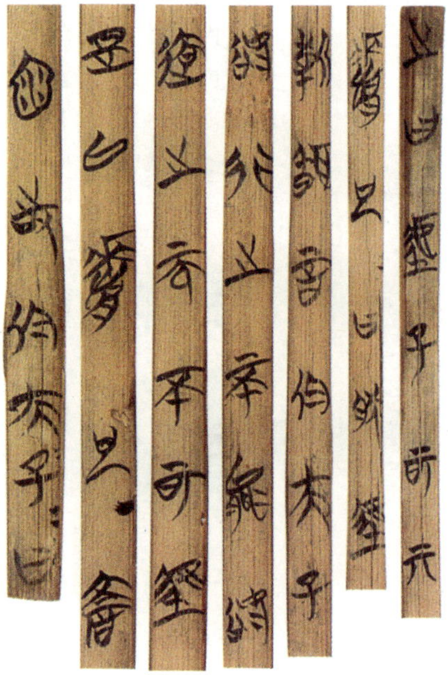

简 3

【释文】

斎(颜)[2]囦(渊)[3]时(侍)于夫＝子＝(夫子,夫子)曰:“韦(回)[4],君子为豊(礼),以依于悬(仁)。[5]”斎(颜)囦(渊)复(作)[6]而畲(答)曰:“韦(回)不悬(敏)[7],弗能少居也。”夫子曰:“逘(坐)[8],虐(吾)语女(汝)。言之而不义,【简 1】口勿言也。目(视)[9]之而不义,目勿貝(视)也。圣(听)[10]之而不义,耳勿圣(听)也。蓮(动)[11]而不义,身毋蓮(动)奚(焉)。[12]”斎(颜)囦(渊)退,譽(数)[13]日不出,□□【简 2】之曰:“虐(吾)子可(何)亓(其)脊(瘠)[14]也?”曰:“肰(然)。虐(吾)新䎽(闻)言于夫子,欲行之不能,欲迲(去)[15]之而不可,虐(吾)是以脊(瘠)也。”【简 3】

【著录】

《上海博物馆藏战国楚竹书》(五)《君子为礼》简 1—3。

【注释】

[1] 楚简。现藏上海博物馆。《君子为礼》整理者编简 16 枚,因残缺较多,原貌已不能复原,完简长 54 厘米左右,两端齐平,篇题为整理者所加。此篇与整理者题为《弟子问》的另一篇内容性质相似,多属孔门弟子与夫子问答之语。本条所选为《君子为礼》第 1—3 简,除简 2 下端略有残断外,基本完整,文义亦连贯。简 3 下端尚有“颜渊侍于夫子,夫子曰”等语,这里不作介绍。

[2] 斎:从言、彦省声,“諺”字异体。

[3] 囦:“淵”字古文。《说文》:“淵,回水也。从水、象形,左右岸也,中象水皃。𣶒,淵或省水。囦,古文从口、水。”“𣶒”是“淵”字初文,中山王鼎作“”,楚帛书作“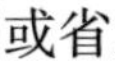”,正象夹岸水流回旋之形,“囦”即楚帛书字形的进一步演变。“淵”则是累增义符“水”而成。颜渊即孔子弟子颜回,字子渊,以德行著称。

[4] 韦:读为“回”,即颜渊之名,《说文》训“渊”为“回水”,回、渊义正相关。楚简“韦”、“回”多见相通之例,楚灵王名公子围,上博简《申公臣灵

王》作“王子回”；清华简《系年》“幽王起师，回平王于西申”（简6），“回”读为“围”。

［5］急：从心、身声，楚文字仁义之“仁”的专字。“仁”《说文》分析为“从人、从二”，又收古文作“忎”、“尸”。“忎”从心、千声，构形与“急”同理；“尸”从尸，在出土文献中常与“夷”、“屖”相通。“仁”暂未见于古文字材料，可能是“尸”之变。此句可参《论语·述而》：“志于道，据于德，依于仁，游于艺。”又郭店《语丛三》：“志于道，虐（据）于德，厌（比）于仁，游于艺。”（简50—51）

［6］作：起来、起身。《论语·先进》：“舍瑟而作。”何晏集解：“孔曰：‘置瑟起对。’”

［7］悬：从心、母声，简文读为“敏”。《说文》从每得声之字，楚简多从母，“悬”在不同文例中或读为“悔”、“誨”、“谋”等。

［8］“遚”是“坙”累增表意形符“辵”的繁构。“坙”从土、从卩，会人跪坐于土上之意，是古文字“坐”、“跪”两字的初文。“坐”字《说文》正篆作“聖”，上所从之“卯”为“坙”由单“卩”变双“卩”之后的进一步讹变。

［9］見：象人直立而突出眼目之形，在古文字中代表“视”这个词；“見”则作“𥃩”，“目”下从屈体之人形。视、见义相因，古写形相近，在战国文字中已有讹混。后世“视”增声旁“示”以为区分，异体又作“眂”，从目、氏声。

［10］“聲”、“聖”、“聽”本同源，楚文字皆写作“聖”。“聖”以人直立而突出耳朵、听口所发之声会意，壬旁为人旁演变。由耳目通达，引申为聪明睿智乃至超越凡人的圣人。

［11］逋：从辵、童声，“動”字楚文字常见写法。

［12］“言之而不义”以下，与《论语·颜渊》第一章“颜渊问仁”之“非礼勿视，非礼勿听，非礼勿言，非礼勿动”相近。

［13］𧤷：“數”字战国文字的写法，中山王鼎作“𧤷”，与此同。“婁”字《说文》分析为“从毌、中、女”，“毌”为臼旁之讹，“中”为角旁之省变。

［14］脊：从肉、差声，肥瘠之“瘠”的楚文字写法，《说文》正篆作“膌”。上博《季庚子问于孔子》“肥民则安，脊（瘠）民不树”。“脊”与“肥”对举。《管子·问》：“时简稽帅马牛之肥膌，其老而死者皆举之。”

［15］迲：“去”字繁构，增辵旁强化动词义。

【延展阅读】

（一）本条所录孔子与颜渊之问答，多可于今本《论语》中找到类似的记述。关于“君子为礼，以依于仁”，可参《述而》第6章：

> 志于道，据于德，依于仁，游于艺。

而君子为礼的具体内容，则近于《颜渊》第1章：

> 颜渊问仁。子曰：“克己复礼为仁。一日克己复礼，天下归仁焉。为仁由己，而由人乎哉？”颜渊曰：“请问其目。”子曰：“非礼勿视，非礼勿听，非礼勿言，非礼勿动。”颜渊曰：“回虽不敏，请事斯语矣。”

“克己复礼为仁”与“为礼，以依于仁”义正相当。简文言“不义”，《论语》谓“非礼”，礼、义本为表里，如《卫灵公》15章：

> 子曰：“君子义以为质，礼以行之，孙以出之，信以成之。君子哉！”

又《子罕》11章：

> 颜渊喟然叹曰：“仰之弥高，钻之弥坚，瞻之在前，忽焉在后。夫子循循然善诱人，博我以文，约我以礼。欲罢不能，既竭吾才，如有所立卓尔。遂欲从之，末由也已。”

“欲罢不能，既竭吾才，如有所立卓尔。遂欲从之，末由也已”，与简文记颜渊自称“不敏”，行之不能，去之不可，“以瘠”，可谓如出一辙。

（二）脊、膌、瘠、䐘诸字的文字学解释

脊，小篆作“□”，《说文》谓：“背吕也。从𠦟、从肉。”又：“𠦟，背吕也。象胁肋也。”𠦟形与脊骨之形不类，实为脊骨之象形如□（子鼎）者讹变。累增形旁肉而为“脊”。睡虎地秦简“脊”字作“□”，犹存古形。贫瘠之“瘠”《说文》正篆作“膌”：“膌，瘦也。从肉、脊声。㾊，古文膌从疒、从朿，朿亦声。”“瘠”字从疒、脊声，声旁与“膌”同，形旁与“㾊”同，当是后起字形。

“䐘”字简文作“□”，上半所从即楚文字“差”的习见写法。“差”字《说文》正篆作“□”，《说文》分析为“从左、从𠂹”。“𠂹”（“垂”字初文）与“𠦟”字形相近，“䐘”所从之“差”实即“脊”字所从之“𠦟”变形声化而成，其演变路径是：𠦟→𠂹→□。

“脊”为脊骨，与表瘦瘠义之“膌”、“瘠”、“䐘”义相因，后者均为“脊”之分化字。

13. 母教之七岁[1]

【图版】

简 1－038 图版

简 1－038 摹本

简 1－03 图版

简 1－03 摹本

【释文】

▨母教[2]之七戢(岁)▨【简38】

▨□□教箸(书)[3]晶(三)[4]戢(岁),教言三戢(岁),教弦(射)[5]与(与)[6]驭[7]▨【简3】

【著录】

《信阳楚墓》图版一一六1-038、一一三1-03;《战国楚竹简汇编》页137(图版)、147(摹本)简28、29。本条编号据前者,图版及摹本均据后者。

【注释】

[1] 楚简。1957年河南信阳长台关1号楚墓出土,时代应在战国中期或稍前,学术界一般称之为信阳楚简。同墓发现竹简有两组,一为古书,一为遣册。其中古书部分,是当时发现的最早的战国竹书实物,曾引起高度重视,可惜简文残断,原貌已无法完全复原。简文有"周公勃然作色曰:易!夫贱人格上则刑戮至"句,文字与《太平御览》卷802引《墨子》佚文"周公见申徒狄曰:'贱人强气则刑罚至'"相近。本条选取的是信阳楚简古书部分的两条残简。

[2] 此字原简残损比较严重,从残存笔画看,即简3之"教"字。

[3] 此字下半亦残,从所存笔画看应是"者"旁,信阳楚简"者"字作""(简1-24)、""(简1-17),"箸"字作""(简1-28),可以参考。楚文字书籍之"書"均写作"箸",从竹、者声,后世著作之"著"即由此变。

[4] 晶:"曑"字简省,"曑"、"参"及其简写"晶"、"厽",在楚简中多表示数词"三"。下一句简文则直接写作"三",表示同一意义的两种写法同见于一简,这种情况在楚简中并不罕见。

[5] 弦:从弓、从倒矢之形,"射"字楚文字写法。"射"《说文》正篆作"䠶",从矢,其身旁为弓旁讹变。

[6] 与:"與"字省写,与《说文》古文同。

[7] "馭"字下半残去,仅存左半马旁的马头及鬃毛部分和右半的午

旁，完整的字形可参“”（包山简 33）或“”（上博五《弟子问》20），字从午声。

【延展阅读】

关于先秦时代贵族子弟接受教育的记述，传世古书多见，可与简文“母教之七岁”及“教书三岁”、“教言三岁”等互为表里，相互证发。《大戴礼记·保傅》说“古者年八岁而出就外舍，学小艺焉，履小节焉”，《说文解字·叙》也有“《周礼》八岁入小学，保氏教国子先以六书”，均指出子弟八岁开始“就外舍”，从“保傅”学习，与此相对，贵族子弟八岁以前应是居于内。根据简文所示，未满八岁居于内的这一阶段当由“母”教之。值得注意的是，这里的“母”并非专指母亲，《礼记·内则》说：

> 子生……异为孺子室于宫中，择于诸母与可者，必求其宽裕、慈惠、温良、恭敬、慎而寡言者，使为子师，其次为慈母，其次为保母，皆居子室……子能食食，教以右手；能言，男唯女俞。男鞶革，女鞶丝。六年，教之数与方名。七年，男女不同席，不共食。八年，出入门户及即席饮食，必后长者，始教之让。九年，教之数日。十年，出就外傅，居宿于外，学书计。衣不帛襦裤。礼帅初，朝夕学幼仪，请肆简谅。十有三年，学乐、诵诗、舞《勺》。成童舞《象》，学射御。

据此，母当指专门负责幼儿早期教育的女性长辈。

《周礼·地官·保氏》说：“保氏掌谏王恶，而养国子以道，乃教之六艺：一曰五礼，二曰六乐，三曰五射，四曰五驭，五曰六书，六曰九数。”其中射、驭、书可以与简文对照。“射”是指射箭技术，“驭”是指驾驭车马的技术，都是带有军事训练性质的教育，按照简文，是在完成“书”、“言”等文化学习之后才进行，可推算大致在十三四岁前后，这较为符合青少年的生理发育规律。《周礼》所称的“书”，应该是指基础的读书识字教育；“言”作为教学内容虽未见于典籍，但既然仅次于书，又与射、驭相对，很可能就是言辞应对和文章写作一类的训练。

14. 诗书礼乐其始出皆生于人[1]

【图版】

简 15

简 16

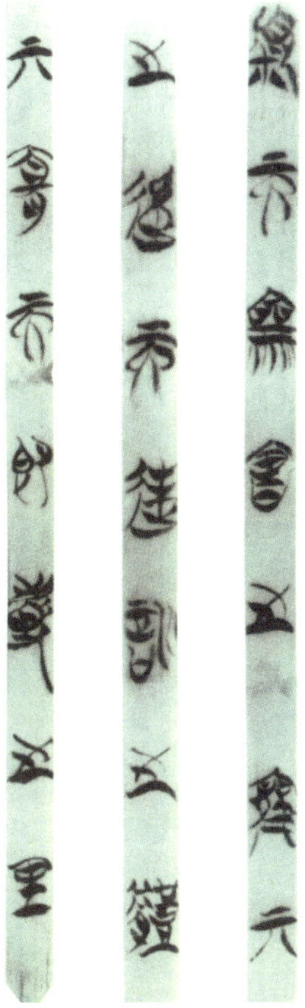

简 17

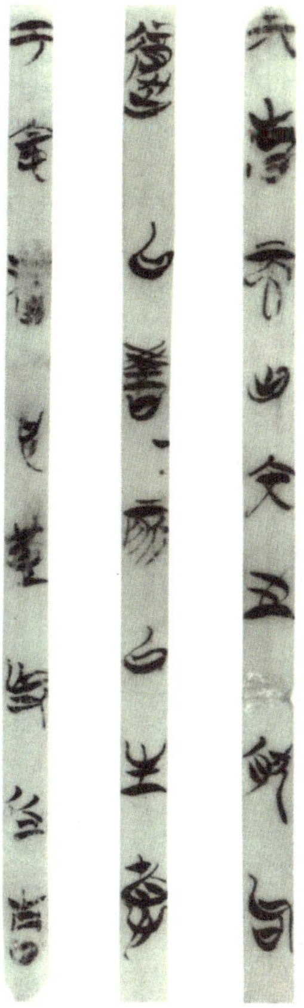

简 18

【释文】

时(诗)、箸(书)、豊(礼)、乐,亓(其)司(始)[2]出皆生【简 15】于人。时(诗),又(有)为一(为为)[3]之也;箸(书),又(有)为言之也;豊(礼)、乐,又(有)为𧻚(举)[4]之也。圣人比亓(其)【简 16】頪(类)而仑(论)[5]会之,雚(观)亓(其)之〈先〉逡〈后〉[6]而逆训(顺)之,体亓(其)宜(义)而即(节)𠭁(文)[7]之,里(理)【简 17】亓(其)青(情)而出内(入)之,肰(然)句(后)退(复)以𢻀[8]一(教。教),所以生悳(德)于中者也。【简 18】

【著录】

《郭店楚墓竹简》之《性自命出》简 15—18。

【注释】

［1］楚简。1993 年湖北荆门郭店 1 号楚墓出土，现藏荆门市博物馆。《性自命出》共存 67 简，简长 32.5 厘米，两端修削成梯形，篇题为整理者所加。本篇内容主要论述"性"与"情"的形成和演化，强调外界对人的性情的改变和影响，部分内容也见于《礼记・乐记》、《礼记・檀弓》等典籍。上海博物馆藏楚简中亦有同篇内容，上博整理者拟名为《性情论》。本条所选为简 15—18 论述诗、书、礼、乐的简文，简 15 前尚有"人道为可道也，其三术者道之而已"，简 18 后尚有"礼作于情"等字，这里不作介绍。本条从简 15 第 15 字开始。

［2］訇：台、司双声符字（口旁可视为台、司共用），在楚简中常用以表示"始"或"辞"。简文中读为"始"。

［3］楚简合文和重文符号一般作"＝"，两短横，本篇作"一"，一短横。

［4］㞷："𦥑"之简写，"𦥑"是"舉"字的楚文字写法。

［5］"倉"字简文从二口，可能是受下文"雚"字影响而抄写有误。简文中读为"論"，义为编排。

［6］"先后"简文抄写均有误，"先"抄成"之"，漏下半之"人"旁；"逘"抄成"逯"，右半之"夋"讹作"糸"。"逘"是"後"字《说文》古文。楚文字先后、前后、后代之"後"均作"逘"，然后、而后之"後"则作"句"，后者是借君后之"后"为之。

［7］"𡕒"字构形有不同说法，字形与《汗简》、《古文四声韵》引《石经》"閔"字古文相近，在楚简中多读为"文"，另见"毁钟型而听邦政"条。节文：指制定礼仪使其行之有道。

［8］𧥺："教"字异体。"教"字《说文》古文或作"𧥺"，亦从言。

【延展阅读】

楚简文字出于不同抄手，抄手水平不一，漏字、错简、错字等现象自不可避免，本条所见，即有"倉"、"先"、"後"等三字出现不同程度的讹误。郭店《五行》简 36 有“”字，对应马王堆帛书《五行》作“懈”，整理者疑为“節”字，裘锡圭在按语中说“此字恐亦书手写错之字，待考”。后来在此简简背发现有“解”字，实为对正文错字“”的纠正。

楚简常见的错别字情况有如下这些：

形近而混。如“而”、“天”互混（郭店《唐虞之道》25），“天”讹作“夫”（郭店《语丛一》20），“乍（作）”讹作“亡”（郭店《六德》36）。上博《孔子诗论》简 6“乍兢唯人”，今本《诗·周颂·烈文》作“无兢维人”，简文“乍”是“亡（无）”之误。

误脱笔画。如“比”少一点讹作“”（郭店《老子》甲 33），“静（争）”字脱其左上之“生”符讹作“”（上博《缁衣》6）等。

误增笔画。如“怴（过）”增一撇讹作“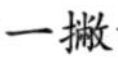”（郭店《老子》丙 4）。

写坏字（不成字）。如“智”讹作“”（郭店《五行》9）；“臤（贤）”讹作“”（上博《缁衣》10），其右为“”的写讹。

受字内偏旁影响而误。如“贵”字作“”（上博《孔子诗论》21），上半受下半贝旁影响而误。

受上下文字形影响而误。如“乃辨阴阳之而听其讼狱”（上博《容成氏》29），“”本应是“（气）”，涉下文相连的“而”字写误。

字有写错，亦见有标注改正之例。有错而标注，如“智”作“”（郭店《五行》30），下有“×”标示；有错而加笔正之，如“孔”作“”（上博《民之父母》1），将“子”旁末笔与“乙”旁误作一笔写，又加一撇纠正。

楚简中的错别字确实存在，不过就楚简整体而言，错别字的数量应该是有限的。在简文的释读过程中，需避免两种倾向，一是把错别字现象扩大化，把一些字形不清、异体等误认为错别字；二是无视错别字现象，为疏通文义而对错字当正字强作说解。

判断错别字，首先要对字本身的形体构造作充分考察，准确辨认，其次要通过上下文义理解，还要考虑战国文字的书写特点和构字规律，以及一些特有的用法。

15. 亟称其君之恶者可谓忠臣[1]

【图版】

简 1

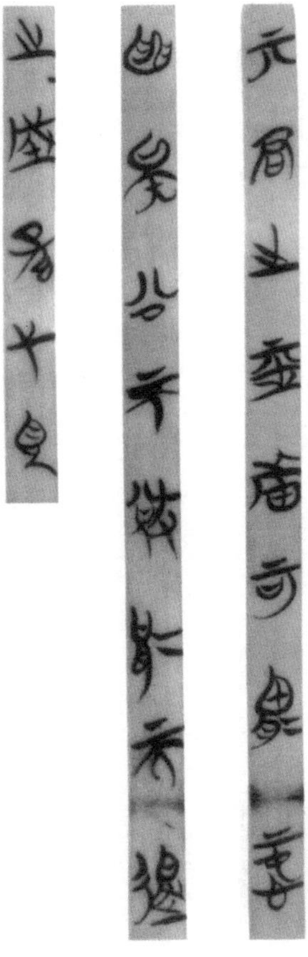

简 2

简 3

简 4

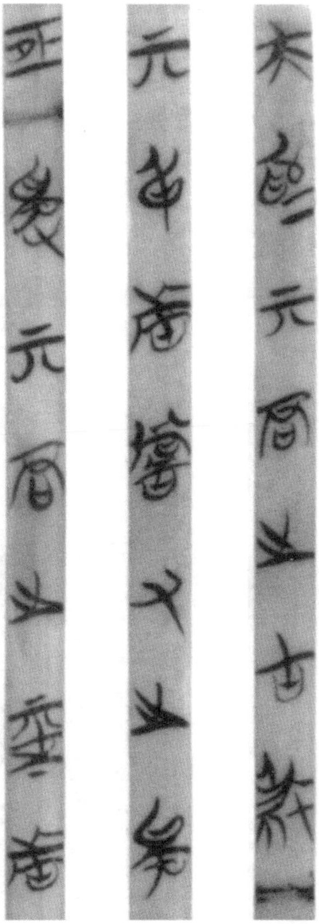

简 5

简 6

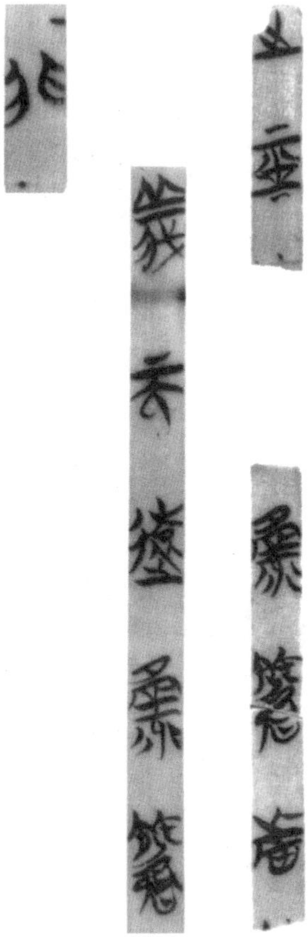

简 7

简 8

【释文】

鲁穆公[2]昏(问)于子思[3]曰:“可(何)女(如)而可胃(谓)忠臣?”子思曰:“恆(亟)爯(称)[4]【简 1】亓(其)君之亚(恶)者,可胃(谓)忠臣矣。”公不敓(悦),咠(揖)[5]而退之。成孙弋见,【简 2】公曰:“向[6]者虗(吾)昏(问)忠臣于子=思=(子思,子思)曰:‘恆(亟)爯(称)亓(其)君之亚(恶)者可胃(谓)忠【简 3】臣矣。’募(寡)人惑奚(焉),而未之旻(得)也。”成孙弋曰:“恹(噫),善才(哉),言虐(乎)!【简 4】夫为亓(其)君之古(故)杀亓(其)身者,尝又

(有)之矣。死(亟)再(称)亓(其)君之亚(恶)者,【简5】未之又(有)也。夫为亓(其)[君]之古(故)杀亓(其)身者,交录(禄)雋(爵)[7]者也;死(亟)【简6】[再(称)亓(其)君]之亚(恶)[者,远]录(禄)箸(爵)者[也。为]义而远录(禄)箸(爵),非【简7】子思,虐(吾)亚(恶)昏(闻)之矣。”▬【简8】

【著录】

《郭店楚墓竹简》之《鲁穆公问子思》简1—8。

【注释】

[1] 楚简。1993年湖北荆门郭店1号楚墓出土,现藏荆门市博物馆。本条所选是整理者题为《鲁穆公问子思》的一个短篇,共8简,竹简两端均修削成梯形,简长26.4厘米,其中简6、7有残断,内容可据上下文拟补,文末有墨节符号,其后留白。简文内容为鲁穆公与子思及成孙弋有关忠臣的对话,其中成孙弋未见于传世文献。

[2] 鲁穆公:传世文献也作鲁缪公,“穆”、“繆”两字古常通用。简文“穆”字左半讹近于“昜”。

[3] 子思:孔子之孙,《汉书·艺文志》有《子思子》23篇,班固注谓子思“名伋,孔子孙,为鲁缪公师”。

[4] “惡”:从死,简3、5、6即写作“死”。“死”是“亙”的增繁,“亙”是“恆”的本字,故“惡”为“恆”的异体。“亙”甲骨文作“”(合集14749),以月在天地之间表示恒常之义,恆、死、惡均是其增繁。后世一般写作“恒”。“恒称”一语不见于先秦古书,而“亙”与“亟”形、音皆近,古文字中时见借“亙”为“亟”,如《易·系辞》的“太極”,马王堆帛书本作“大恆”。本文的“恆称”或“亙称”应读为“亟称”,意为“急切称述”。《左传·宣公二年》记述“晋灵公不君”,“宣子骤谏”,“骤谏”与“亟称”相若。

[5] “咠”是“揖”的初文,甲骨文作“”,从口、象人跪坐而突出手部动作,与“祝”字初文形义相关。简文“咠”下半曲笔伸直,右半又增饰笔。《说文》:“咠,聂语也,从口、从耳。”是据讹变字形作的分析。

［6］向：刚才。《庄子·庚桑楚》："向吾见若眉睫之间，吾因以得汝矣。""向"字说明已见"唯君子能好其匹"条。

［7］"雋"是"雀"字增繁，下文又作"篧"，从竹，简文中皆读为爵禄之"爵"。"雀"、"爵"二字在传世及出土文献中常可通用。

【延展阅读】

《鲁穆公问子思》载子思与鲁穆公之间有关忠臣标准的对话，是楚简中为数不多专论为臣的文章。春秋时代所谓的忠，主要有两层意义：一是"与人忠"之忠，指人对人应遵循的道德；二是"臣事君以忠"之忠，指臣对君的道德。前一层意义是忠的原始意义，后一层意义是衍生的意义。

先秦儒家典籍中多见有关为臣事君的论述。《论语》谓"君使臣以礼，臣事君以忠"(《八佾》)，"所谓大臣者，以道事君，不可则止"(《先进》)；而事君之法，则是"勿欺也，而犯之"(《宪问》)，强调不忌君主权威，不计个人利益而加以反对、匡正，也就是所谓的"谏君"。如何"谏君"？《鲁穆公问子思》的回答是"亟称其君之恶"，并借成孙弋之口评价说，这是"为义而远禄爵"的行为，是真正的"忠臣"。

《孟子》同样强调为臣者应引导君主归于仁义之道，"君子之事君也，务引其君以当道，志于仁而已"(《告子下》)，把进谏视为纠君之失的重要方法，"君有大过则谏之，反复谏而不听，则易位"(《万章下》)。这与孔子、子思的思想一脉相承。

《荀子·臣道》篇详论忠臣之道，将社稷之臣分为谏、诤、辅、拂四种类型，其核心仍是匡正君主之过：

> 君有过谋过事，将危国家殒社稷之惧也；大臣父兄，有能进言于君，用则可，不用则去，谓之谏；有能进言于君，用则可，不用则死，谓之争；有能比知同力，率群臣百吏而相与强君挢君，君虽不安，不能不听，遂以解国之大患，除国之大害，成于尊君安国，谓之辅；有能抗君之命，窃君之重，反君之事，以安国之危，除君之辱，功伐足以成国之大利，谓之拂。故谏争辅拂之人，社稷之臣也，国君之宝也。

《鲁穆公问子思》为研究先秦儒家"忠臣"观提供了很好的材料。

16. 穷达以时[1]

【图版】

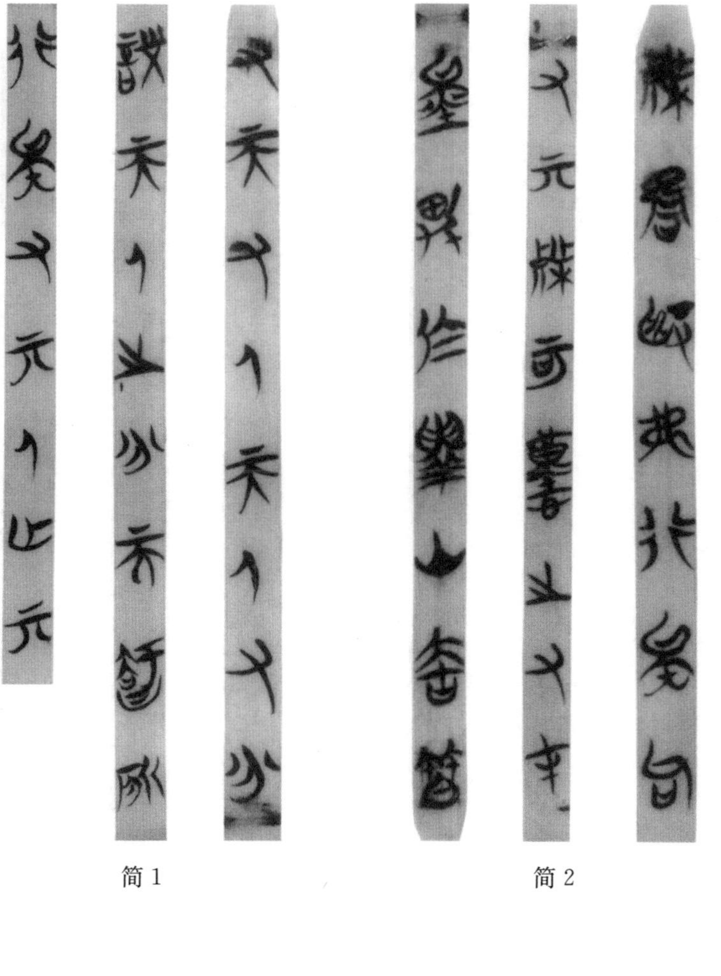

简 1　　　　　　　　简 2

简 3

简 4

简 5

简 6

简 7

简 8

【释文】

又(有)天又(有)人，天人又(有)分。詧(察)[2]天人之分，而智(知)所行矣。又(有)亓(其)人，亡(无)亓(其)【简 1】殜(世)，唯(虽)[3]臤(贤)[4]弗行矣；句(苟)又(有)亓(其)殜(世)，可(何)慬(难)[5]之又(有)才(哉)？坌(舜)[6]畂(耕)[7]于鬲(历)山，匋(陶)笞(拍)【简 2】于河固(浦)[8]，立而为天子，堣(遇)[9]尭(尧)[10]也。卲(皋)繇(陶)[11]衣胎(枲)盖，冒(帽)衽(绖)冡(蒙)慬(巾)[12]，【简 3】斁(释)[13]板筥(筑)[14]而差(佐)天子，堣(遇)武丁也。郘(吕)𡈼(望)[15]为牂(臧)𡍮(棘)澅(津)[16],战〈兽—守〉[17]监门【简4】𡍮(棘)㙂(地),行年七十而賭(屠)牛于朝訶(歌)[18],兴而为天子帀(师)[19],堣(遇)周文也。【简5】関(管)寺(夷)虗(吾)[20]穿(拘)繇(囚)弃(梏)缚,斁(释)杙(械)柙(柙)[21]而为者(诸)侯㭉(相)[22],堣(遇)齐逗(桓)[23]也。【简6】白(百)里[24]迌(遭)逵(賣)[25]五羊,为敀(伯)斆(牧)[26]牛,斁(释)板桎[27]而为鲁(卿)卿[28],堣(遇)秦穆。【简7】孙叔(叔)[29]三跌(谢)[30]郄(期)思[31]少司马,出而为命(令)尹,堣(遇)楚臧(庄)[32]也。【简8】

【著录】

《郭店楚墓竹简》之《穷达以时》简1—8。

【注释】

[1] 楚简。1993年湖北荆门郭店1号楚墓出土,现藏荆门市博物馆。《穷达以时》共15简,两端修削成梯形,简长26.4厘米,篇题为编者所加。简文论述士之穷达取决于天时。本条所选为此篇前8简,列举皋陶等人出身低微,遇时而作的事例,作为后文所谓"穷达以时"的证据;有关人事,传世古书中亦有类似记载。

[2] "詧"字右半所从,为战国楚文字"察"、"淺"、"竊"等字的声旁,有简省。此处当读为"察"。

[3] 战国文字"唯"、"雖"同字,作"隹"或"唯",此处读为"雖"。

[4] 臤:"臤"字繁构,楚简皆用为"賢"。字右半所从,即""(郭店《唐虞之道》2),是"掔"字表意初文。

[5] 慬:疑是"戁"字省体,楚简"戁"是"難"之增繁(参"圣人无为,故无败"条)。

[6] 埈:"舜"字古写,从土、火,允声,与《说文》古文作"𡕥"形近。《说文》正篆作"舜",上半实为允旁与火旁笔画讹变所致。文献"舜"又作"夋"(楚帛书)、"俊"(《山海经》),"夋"即从允得声。与"垔"、"堇"等类似,"埈"之土旁当为后加。

[7] 畂:从田,从力,从又,会以又(手)持力(耒)耕田之意,为“耕”字的表意写法。

[8]《史记·五帝本纪》:“舜耕历山,渔雷泽,陶河滨,作什器于寿丘,就时于负夏。”可与简文参看。

[9] 堣:楚文字“禺”的繁构,所增土旁无义。

[10] 尧:“堯”字古写,《说文》古文作“兟”,从二尧。

[11] 㕣繇:即皋陶,传说虞舜时的司法官。楚简也写作“咎匋”、“㕣咎”、“㕣采”(上博《容成氏》)、“咎采”(郭店《唐虞之道》)等。传世典籍记载“遇武丁”的是傅说,与简文所记有异。

[12] 肙:即“胎”字,读为“枲”,麻也。冟:从冂、龙声,即蒙蔽之“蒙”的古写。

[13] 斁:释放之“釋”的异体。

[14] 篙,《说文》:“厚也,从亯、竹声。读若笃。”楚简多读为“孰”或“篤”。简文此处读为“築”,《说文》“築”字古文作“[illegible]”,上半即“篙”之讹形。《史记·殷本纪》记傅说“筑于傅险”。

[15] 郘:从邑,吕氏之“吕”的专字。室:“望”字省写。吕望即齐始祖姜尚。

[16] 牂:读为“臧”,奴婢贱称。逨:“來”字繁构,读为“棘”。瀌:从水、鹰声,“鹰”有“薦”音,故可读为“津”。棘津,地名。

[17] 楚文字常以“獸”为“守”,“獸”、“戰”形近,简文误写。

[18] 简文“七十”合文。訶:“歌”字古写,《说文》“歌”字或体作“謌”。

[19] 战国文字“師”皆写作“帀”。

[20] “管”字楚文字写作“关”或从关之“筡”,如“筡(管)仲”(上博《季庚子问于孔子》)、“北门之筡(管)”(清华《系年》)。管夷吾即齐大夫管仲。

[21] 樝:从木、虖声,“柙”字楚文字写法。“虖”是“㚔”累增形符虍的繁构,“㚔”本象枷锁之形,在战国文字中用来表示甲胄之“甲”,这个意义后世改借干支之“甲”表示。

[22] 梖:“相”字增繁,战国文字赘增无义偏旁“又”的现象很常见。

[23]《书·牧誓》:“勗哉夫子! 尚桓桓。”孔传:“桓桓,武貌。”《逸周书·谥法》:“辟土服远曰桓。”这些传世文献用“桓”表示的意义,金文作

“趄”，楚文字多作“逗”，从走与从辵同义。“趄”、“逗”是本字，“桓”是假借字。《说文》训“趄”为“趄田易居”，未必是其本义。

［24］百里：即百里奚。

［25］辿：当“邅”字异体。《楚辞·离骚》：“邅吾道夫昆仑兮，路修远以周流。”王逸注：“邅，转也，楚人名转曰邅。”遆：“遚”字异体，读为“賣”，《说文》“賣”下段玉裁注：“《玉篇》云：‘賣或作粥、鬻，是賣、鬻为古今字矣。”“辿遆”即“邅賣”，“转鬻”，《说苑·杂言》记“百里奚自卖取五羊皮”。

［26］敀：读为“伯”，从攴可能是受下“𢼸”字影响。𢼸：从攴、墨声，“牧”字异体，易会意为形声。

［27］“桎”字右半作为独立字形或偏旁在楚文字中多次出现，皆未知其具体读法。

［28］“韋”当从龟得声，可读为“耆”。《史记·秦本纪》记百里奚被穆公起用时已年过七十，故可称“耆卿”。

［29］“吾”是“弔”字赘加口旁而成，古文字伯叔之“叔”均借“弔”为之。“孙叔”即孙叔敖。

［30］弢：从弓、从倒矢，是“射”字的楚文字写法。简文中可读为“謝”，典籍记载孙叔敖“三相三去”。

［31］郉：从邑、丌（亙）声，是楚地名“期思”之“期”的专字。

［32］臧：“臧”的楚文字对应写法，楚文字庄敬之“莊”也写作“臧”。

【延展阅读】

上列简文中有关舜等人的事迹，传世典籍如《荀子·宥坐》、《孔子家语·在厄》、《韩诗外传》卷七、《说苑·杂言》等有与之相近的记载，均为孔子困于陈蔡之间时答子路所问的内容。以下将《说苑·杂言》有关文段摘录，以资比较：

贤不肖者才也，为不为者人也，遇不遇者时也，死生者命也。有其才不遇其时，虽才不用；苟遇其时，何难之有！故舜耕历山，而陶于河畔，立为天子，则其遇尧也。傅说负壤土，释板筑而立佐天子，则其遇武丁也。伊尹，有莘氏媵臣也，负鼎俎，调五味，而佐天子，则其遇成汤也。吕望行年五十卖食于棘津，行年七十屠牛朝歌，行年九十为

> 天子师，则其遇文王也。管夷吾束缚胶目，居槛车中，自车中起为仲父，则其遇齐桓公也。百里奚自卖取五羊皮，为伯氏牧羊，以为卿大夫，则其遇秦穆公也。沈尹名闻天下，以为令尹，而让孙叔敖，则其遇楚庄王也。

可以见到，简文所言皋陶故事，传世文献记在傅说名下，至于传世文献所述伊尹故事，简文则未载。

17. 从政敦五德[1]

【图版】

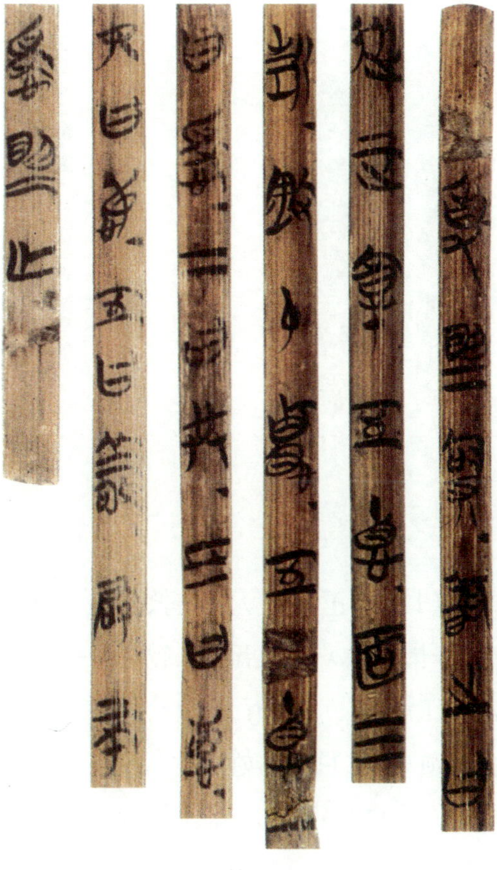

简 5

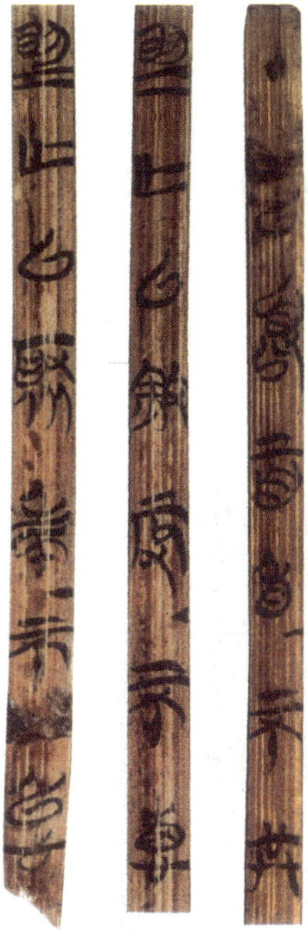

简 6

简 7

【释文】

䎽(闻)[2]之曰:从正(政)𦎫(敦)五悳(德)[3],固三折(制)[4],叙(除)十悁(怨)[5]。五悳(德):一曰愋(缓),二曰共(恭),三曰惠,四曰𢗚(仁)[6],五曰敬。𡈼=(君子)[7]不愋(缓)则亡(无)【简5】以颂(容)百眚(姓)[8],不共(恭)则亡(无)以叙(除)辱,不惠则亡(无)以聚民,不𢗚(仁)【简6】则无以行正(政),不敬则事亡(无)成。【简7】

【著录】

《上海博物馆藏战国楚竹书》(二)《从政》甲篇简 5—7。

【注释】

[1] 楚简。现藏上海博物馆。《从政》篇整理者原分为甲、乙两篇,学者已指出本属同一篇。《从政》强调从政所应具备的道德及行为标准,不少内容可与《论语》等书对读,属于儒家文献,不少学者认为其学派或可归"子张之儒",其对研究先秦儒家政治思想有重要价值。本条论述从政应具备的"五德",共 3 简,其中简 6 与简 7 实为一简之折。简 5 上半段还有"事则贪"三字,属上文(与简 15 相接)"暴、虐、贼、贪"部分,内容与《论语·尧曰》第二章"子张问从政"的"屏四恶"相近;简 7 下半段还有"三折时行见上衣食"等字,其后残断,不录。

[2] 䎽:"聞"字《说文》古文,古文字"聞"、"問"同字。

[3] 𦎫:《说文》:"孰也。从亯、从羊。读若纯。""敦"《说文》小篆作"𢽳",从𦎫得声。《尔雅·释诂上》:"敦,勉也。""敦五德"即敦行五种道德,"五德"的具体内容见下文。

[4] 古文字"製"多作"裚",从折得声,"制"亦多写作"折"。"固三制"即固守三种约束,简 7 下半段有"三折时行见上衣食",即为对"三折(制)"的说明,然辞残,未详所指。

[5] 叙:简文作"敘",从攴、余声,为楚简除去之"除"的专字,与《说文》训为"次第"的"敘"同形。悁:从心、肙声,其中肙旁上增"卜"形为赘符,口中增一横为饰笔,皆常见于楚简;"悁"为楚文字怨恨之"怨"的专字,与《说文》训为"忿"、"忧"的"悁"同形。"十怨"的具体所指因简文残缺,未能尽知,乙篇简 1"[九]曰犯人之务,十曰口惠而不系(继)"即其中二怨。

[6] 忎:从心、身声,为楚简仁义之"仁"的专字。

[7] 简文"君子"合文。

[8] 颂:容貌之"容"的本字,简文读为"容"。"頌"从公声,《说文》籀文作"額";"容"《说文》古文作"宊",亦从公声。百姓之"姓"楚简通写作"眚"。

【延展阅读】

关于"五德",传世先秦儒家文献亦有记述,与简文所称互有同异。《论语·学而》:

> 子禽问于子贡曰:"夫子至于是邦也,必闻其政。求之与?抑与之与?"子贡曰:"夫子温、良、恭、俭、让以得之。夫子求之也,其诸异乎人之求之与?"

《论语·阳货》:

> 子张问仁于孔子。孔子曰:"能行五者于天下,为仁矣。""请问之。"曰:"恭、宽、信、敏、惠。恭则不侮,宽则得众,信则人任焉,敏则有功,惠则足以使人。"

以后者与简文之"五德"较为接近。不过,《阳货》的"恭、宽、信、敏、惠"说的是仁者所应具备的五种品质,属"仁"的一部分;而简文则是将"仁"与"缓、恭、惠、敬"等四者并列,合为"五德"。

"五德"之中,"缓"即"宽缓",《说苑·政理》孔子曰:"宽以正,可以容众。""恭"、"敬"常对举,《论语·子路》:"居处恭,执事敬。"朱熹集注:"恭主容,敬主事。恭见于外,敬主乎中。"恭着重于外貌方面,待人接物敦行谦恭,可以明哲保身,远耻除辱,上博楚简《用曰》简 6 有"凡恭人,非人是恭,厥身是卫",可为注脚。敬偏重于内心方面,行事承命敬戒谨慎,才能顺遂无失,《荀子·议兵》:"凡百事之成也,必在敬也;其败也,必在慢也。"惠,《管子·形势解》:"惠者,主之高行也。……主惠而不解则民奉养。"仁,《论语·颜渊》:"樊迟问仁。子曰:'爱人。'"

18. 鬼神有所明有所不明[1]

【图版】

简 1

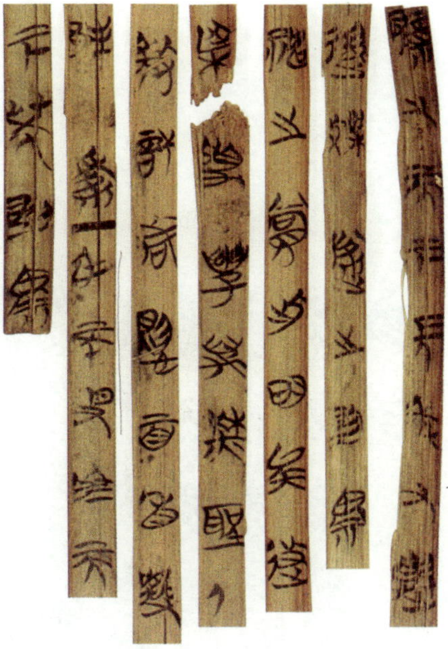

简 2

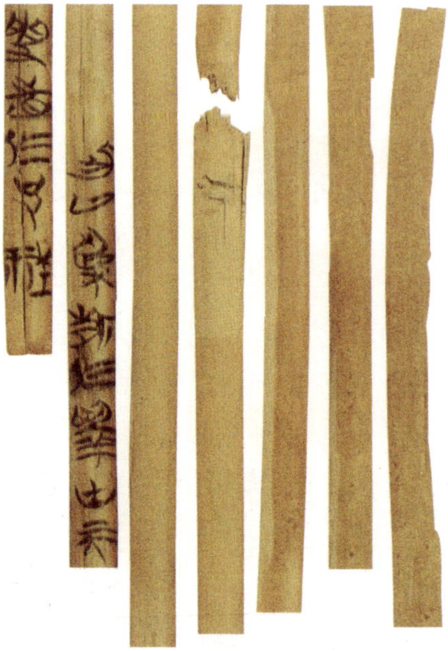

简2背

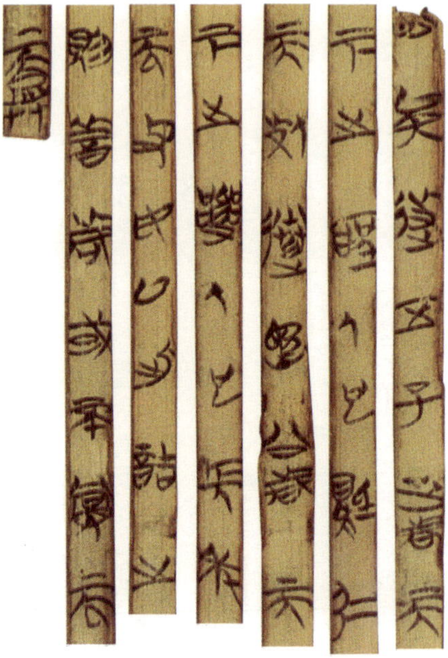

简3

简4

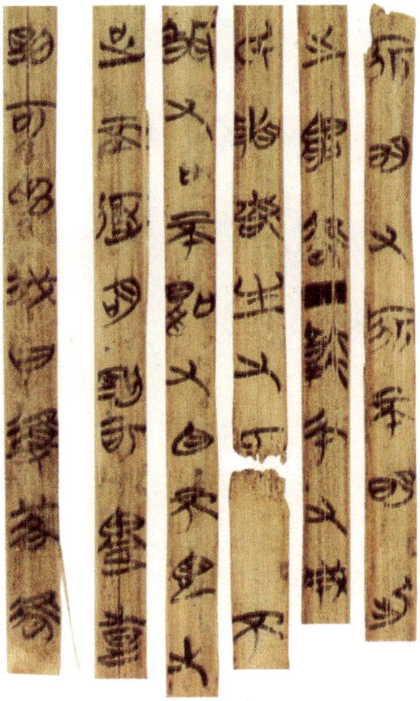

简5

【释文】

今夫槐(鬼)[2]神又(有)所明又(有)所不明[3]。

则以亓(其)赏善罚暴也。昔者先(尧)叁(舜)墨(禹)汤[4]，急(仁)[5]义圣智，天下法[6]之。此以贵为天子，【简1】賏(富)[7]有天下，长年有譽(誉)[8]，遂(后)[9]殜(世)遂之。则槐(鬼)神之赏，此明矣。返(及)桀受(纣)學(幽)萬(厉)[10]，焚圣人，杀讦(谏)者，恻(贼)[11]百眚(姓)，乱邦豪(家)[12]。▬【简2上】此以桀折于鬲山，而受(纣)峕(止)[13]于只社[14]【简2背】，身不旻(没)[15]，为天下芙(笑)[16]。则槐(鬼)【简2下】[神之罚，此]明矣。返(及)五(伍)子疋(胥)者，天下之圣人也，鸱尸(夷)[17]而死；遂吞公[18]者，天下之乱人也，长年而旻(没)。女(如)以此诘之，则善者或不赏而暴【简3】[者或不罚。古(故)]虚(吾)因加"槐(鬼)神不明"。则必有古(故)：亓(其)力能至安(焉)而弗为虐(乎)？虐(吾)弗智(知)也；啻(抑)[19]亓(其)力古(固)不能至安(焉)虐(乎)？虐(吾)或(又)弗智(知)也。此两者枳(歧)[20]，虐(吾)古(故)【简4】[曰槐(鬼)神又(有)]所明又(有)所不明，此之胃(谓)虐(乎)？▬【简5】

【著录】

《上海博物馆藏战国楚竹书》(五)《鬼神之明 融师有成氏》简1—5。

【注释】

[1] 楚简。现藏上海博物馆。本条共5简，其中简5下半段还有"融师有成"等文字，中间以墨节与本条文字隔开，属于接抄的另外一篇，整理者题为《融师有成氏》。简2中间亦有一个墨节，则是作为原简文漏抄的标记，漏抄的文字在简2背面对应的位置补出。简3—5上端皆残去，每简约缺4字，今据文意拟补。

[2] 禩:“鬼”累增形旁“示”的专字,与《说文》古文同。战国文字在原字基础上加形旁增强表意性的现象很常见,如本条“世”增歺旁作“殜”、“及”增辵旁作“返”等皆是。

[3] 此字下原简有约容7字的空白,原因不明。或拟补“言鬼神有所明者”以足意。

[4] 楚文字尧、舜、禹等皆多从土。

[5] 㤅:从心、身声,“仁”字楚文字写法,与“仁”《说文》古文或作“忎”同理,身、千古音相近。

[6] 法:简文作“灋”,为“法”字《说文》正篆。《说文》:“灋,刑也。平之如水,从水,廌,所以触不直者去之,从去。法,今文省。”

[7] 楚简未见“富”字,以“福”、“福”、“賶”、“賻”等字当之。《说文》:“富,备也。”又:“福,佑也。”后者小徐本亦释为“备也”。《释名·释语言》:“福,富也。”《尚书·洪范》:“五福:一曰寿,二曰富,三曰康宁,四曰攸好德,五曰考终命。”“福”涵盖“富”,“富”是“福”的分化字,字形演变过程为:福→福→富;福→賻→賶。

[8] “𨑓”是楚文字的“舉”字。“與”是“舉”的初文,从舁(象四手共举)、牙声。“𨑓”是“與”增表示动作的义符“止”而成的表示托举义的分化字,与“舉”字增加手旁同理。简文“𨑓”可读为“譽”。

[9] 逡:“後”字《说文》古文,从彳与从辵同义。

[10] 受:商纣之“紂”楚简通写作“受”。學:从子、幽声,“幼”字异体,简文读为幽王之“幽”。

[11] 恻:从心、则声,“賊”字楚文字的写法。简文中义为杀戮,《尚书·舜典》:“寇贼奸宄。”孔传:“杀人曰贼。”

[12] 冡:“家”字楚文字的特有写法,上增爪旁,爪旁是否有表意作用尚不清楚。

[13] 旹:从百、之声,“之”可能是“首”形上部笔画的变形声化,为“戴”的用字。简文中读为“止”,义为俘获。

[14] “鬲山”即典籍所载之“历山”。纣被执之处“只社”典籍未载,不详何地。

[15]《说文》:“叟,入水有所取也。”楚文字皆读为“没”,“没”本即从

叟。简文是寿终、善终的意思。《左传·僖公二十二年》:"楚王其不没乎!为礼卒于无别,无别不可谓礼,将何以没?"杜预注"不没"为"不以寿终"。下文"长年而没"之"没"义同。

[16] "芺"即"笑"的本来写法,从犬、艸声。后世"笑"字竹旁为艸旁之讹、夭旁为犬旁之讹。

[17] 尸:《说文》以为"仁"字古文,战国文字可作"遲"字的声符,常与"夷"相通。"鸱夷"是一种革囊。《战国策·燕策二》:"昔者五子胥说听乎阖闾,故吴王远迹至于郢。夫差弗是也,赐之鸱夷而浮之江。"《史记·伍子胥列传》:"吴王闻之大怒,乃取子胥尸盛以鸱夷革,浮之江中。"裴骃集解引应劭曰:"取马革为鸱夷。鸱夷,榼形。"

[18] "遂丕公"所指未详,一说读为"秦穆公"。

[19] 啻(yì):《说文》训"快也",为"意(亿)"字所从,简文通作"抑",连词,表选择。

[20] 传世文献从支之字如"枝"、"肢",楚文字多从只作"枳"、"胑"(关于"只"字,详参"居处从游之损益"条),此处"枳"当读为"歧"。这里是说前述两种情况存在差异。

【延展阅读】

《墨子》主张"明鬼",笃信"鬼神有明",《明鬼下》引用大量事例来证明鬼神的存在,强调鬼神的赏善罚恶分明,上至君王,下至小民,无论为善作恶,鬼神皆能明察秋末。简文论及的鬼神有明,以及鬼神之"赏善罚暴",乃至所举"尧舜禹汤"、"桀纣幽厉"等事例,与《墨子·明鬼下》大致相同。

不过,本篇虽然同意"鬼神有所明",但重点则是强调鬼神同时亦"有所不明",并以"圣人"伍子胥鸱夷而死及"乱人"遂丕公长年而没为证。本篇最后提出的鬼神不明的两种可能:"力能至而弗为"和"力固不能至",实质是对"鬼神"力量的全面怀疑。

上博《曹沫之陈》记载,鲁庄公提到"君子得之、失之,天命"时,曹蔑回应说:"君子以贤称而失之,天命;以无道称而没身就世,亦天命。不然,君子以贤称,曷有弗得?以无道称,曷有弗失?"其中的"天命观"可与本篇的"鬼神观"参看。

19. 三德[1]

【图版】

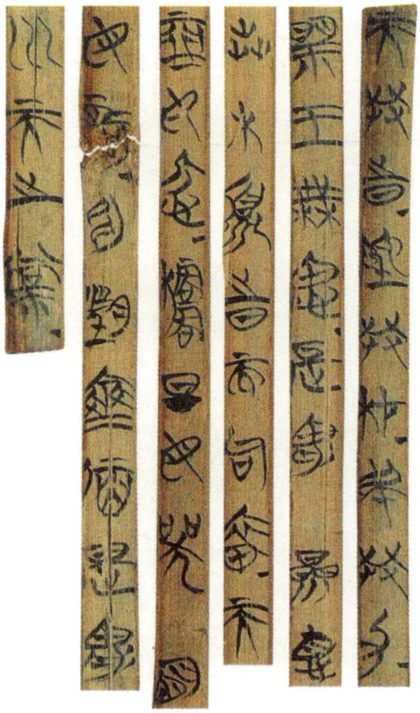

简 1

简 2

简 3

【释文】

天共（供）旹（时）[2]，埅（地）共（供）材，民共（供）力，盟（明）[3]王无思，是胃（谓）曑（三）悳（德）[4]。卉（草）木[5]须旹（时）而句（后）[6]畜（奋）[7]，天亚（恶）女（如）忻[8]，柄（平）旦[9]母（毋）哭，晦（冥）[10]母（毋）訶（歌），[illegible]（弦）[11]望[12]齐（斋）佰（宿）[13]，是胃（谓）川（顺）[14]天之嵩（常）[15]。【简 1】敬者旻（得）之，怠（怠）者遂（失）之[16]，是胃（谓）天嵩（常）。天神之□□□□□，天牆（将）嬰（兴）之，母（毋）为憑（伪）虘（诈）[17]，上帝将憎之。訢（期）而不訢（期）[18]，天乃陞（降）材（灾），已而不已，【简 2】天乃降𡿣（异）[19]，其身不叟（没）[20]，至于孙＝（孙子）。昜（阳）而幽，是胃（谓）大菽（戚）[21]，幽而昜（阳），是胃（谓）不恙

(祥)。齐=(齐齐)节=(节节)[22],外内又誋(辨)[23],男女有节,是谓天豊(礼)。敬=之=(敬之敬之),天命孔明。【简 3】

【著录】

《上海博物馆藏战国楚竹书》(五)《三德》简 1—3。

【注释】

[1] 楚简。现藏上海博物馆。《三德》共存完、残简 22 枚,另《香港中文大学文物馆藏简牍》战国简 4 亦属此篇残简。完简长 45 厘米,两端齐平,篇题为整理者所加。《三德》篇多韵语,前后语义关联性不明显,学者有多种不同的编联意见,如本条所选的第 1—3 简,或以为简 1 应后接简 4—5,或以为简 1 应在简 2—3 之后,此暂从整理者编联。关于《三德》的思想,学界也有不同意见,一般认为整体上较接近于黄老思想。

[2] 旹:从日、之声,“時”字《说文》古文。

[3] 䀄:从示、明声,楚文字“盟誓”之“盟”的专字,简文中读为“明”。

[4] 曑:即“参”,楚简多以“曑”或其省体“晶”记写数词“三”。简文“三德”应是针对“天供时,地供材,民供力”而言。传世文献亦有“三德”之说,《大戴礼记 · 四代》:“子曰:有天德,有地德,有人德,此谓三德。三德率行,乃有阴阳,阳曰德,阴曰刑。”

[5] 古文字“屮”、“艸”、“卉”本为一字异形,可混用,然楚文字未见“艸”字,草木之“草”多写作“卉”,偶或作“屮”。

[6] 楚简先后、前后之“後”多作“逡”(“後”字《说文》古文),然后、而后之“後”多作“句”。

[7] 畓:从衣、从田,“奮”字省体。古文字“奮”从衣,不从大。

[8] 忻:喜悦。《墨子 · 经说上》:“誉之,必其行也,其言之忻,使人督之。”孙诒让间诂:“其言可忻悦也。”简文“忻”与“恶”相对。

[9] 简文“柄”字从二“丙”,简文读为“平”。平旦:清晨。

[10] 朙:字左半所从与一般“明”字所从之日或囧有异,疑为表昏暗义之“冥”的表意字。《诗 · 小雅 · 斯干》:“哙哙其正,哕哕其冥。”郑玄笺:

“冥，夜也。”简文“冥”与“平旦”相对。

［11］“弦”字简文作“”，即琴弦之“弦”的象形初文。《说文》：“弦，弓弦也。从弓，象丝轸之形。”后世“弦”字从玄，是象形初文的变形声化。

［12］望：简文作“朢”。“朢”、“望”本一字异体，《说文》分为二字，训“朢”为月满，训“望”为“出亡在外，望其还也”。弦望：月半曰“弦”（分上弦、下弦），月满曰“望”。

［13］偭：象人卧于席之形，即“宿”字初文，《说文》以为“夙”字古文。《孟子·公孙丑下》：“弟子齐宿而后敢言。”“齐宿”即斋宿，在祭祀或典礼前，先一日斋戒独宿，表示虔诚。

［14］楚文字顺遂之“順”写作“川”、“訓”、“怼”，诸字皆同源，其中“怼”应是为顺遂义造的专字。

［15］祟：从示、尚声，为秋祭之“嘗”及天常之“常”的专字，引申之兼表平常之“常”。“常”则是衣裳之“裳”的本字，传世文献以借字代本字，“常”行而“祟”废。

［16］“𢘓（怠）”、“遳（失）”二字的解释，见“不盈于十言而百世不失之道”条。

［17］慮：从心、虘声。“虘”楚文字中表示“且”，故“慮”以音近可读为“詐”。

［18］訢：从言、亓声，应为期约之“期”的专字。“期”与下文“已”相对。

［19］陞：“降”字繁构，增止旁强化动词义。已：楚简通写作“巳”。祔：从示、才声，表天灾义的专字。[illegible]：从示、[illegible]声，“[illegible]”为台、司双声字，“[illegible]”为灾异之“异”的专字。

［20］《说文》：“叟，入水有所取也。”实为“没”字初文。身不没，即不能善终，类似说法楚简习见。

［21］楚都戚郢之“戚”或体作“莪”，简文此处读为戚忧之“戚”。

［22］齐齐节节：即整齐有序，《大戴礼记·四代》：“齐齐然，节节然。”

［23］[illegible]：从言，以“鞭”字古文为声，即“辯”字异体，简文读为“辨”，内外有辨，即内外有别。

【延展阅读】

“哭”与“笑”语义相反，均是典籍常用字，但过去对二字构形的认识并不充分。《说文》：“哭，哀声也。从吅、狱省声。”以“哭”字所从之“大”为“狱”省，说解牵强。段玉裁亦不予信从，段注谓：“哭入犬部从犬吅，皆会意，而移以言人。”改形声为会意。但并无实证，学者或信或疑，未能论定。“笑”字于今本《说文》说解中屡见，但正篆失收，徐铉等订补谓：“孙愐《唐韵》引《说文》云：喜也。从竹、从犬，而不述其义。今俗皆从犬。又案：李阳冰刊定《说文》：从竹、从夭。义云：竹得风，其体夭屈如人之笑。未知其审。”于字形亦未得其解。

“笑”字在战国秦汉简帛文献中多次出现，皆写作“芺”：

(1) 下士闻道，大芺之；弗芺，□□以为道。（马王堆帛书《老子》乙本）

(2) 娶女，为邦芺。（楚帛书丙篇）

(3) 下士闻道，大芺之；弗大芺，不足以为道矣。（郭店《老子》乙9—10）

(4) 身不没为天下芺。（上博《鬼神有明》2）

例(1)与例(3)的“芺”对应今本《老子》正作“笑”，可证“芺”确是“笑”的早期写法。曾宪通先生进而推断“芺”本是从犬、艸声的形声字。（曾宪通《楚帛书文字新订》）而“艸”之讹作“竹”、“犬”之讹作“夭”，于古文字均有同类例证。

“笑”字楚简还有一种异体写作“狣”：

(5) 今内之不得百姓，外之为诸侯狣。（上博《竞建内之》8）

“狣”应分析为从犬、兆声。由此可证，“芺”确可分析为从艸得声，而犬旁则作为义符参与构字。

“哭”、“芺”二字义相反，形相关（本皆从“犬”），“笑”既从“犬”表意，则“哭”很可能也是从“犬”表意；“笑”本是形声字，“哭”也是形声字，只是声符所在不是下半的“犬”，而是上半的“吅”。

战国楚简有一字作“器”：

(6) 王器于庙，利见大人，亨，利贞。（上博《周易》42）

(7) 唯正庚午，公器在耆门。（清华《皇门》1）

读为至、达义的"格"，即金文可读为"洛"的"䨓"字的简省：

(8) 余命汝御追于䨓，汝以我车宕伐玁狁于高陶。（不其簋）

"䨓"从"叕"，"叕"是"噩"字作为偏旁的一种简省写法，后来进一步变形分化为独立字形，即《说文》"咢"字的来源，许慎以为"咢"从屰声，显然是变形声化的结果。不其簋的"䨓"，当是一个叕(噩)、各皆声的双声符字。"䨓"可简省作"咯"，即"叕"作为偏旁可简省作"吅"，遂与《说文》"吅"字同形。与"咯"一样，"哭"所从的"吅"实即"叕(噩)"之省，作声符。

"叕"简省作"吅"之后，"哭"就失去了表音的功能。这种简省之所以能实现，一方面是因为"叕"并不单独成字，容易进一步讹变；另一方面则是"吅"能起表意作用。《说文》训"哭"为"哀声"，训"吅"为"惊呼"，"哭"在文献中偏重于指大声的哭泣，如《礼记・檀弓上》"哭泣之哀"孔颖达疏："哭泣之哀，谓有声之哭，无声之泣，并为哀。"正因为"吅"在"哭"字中能起到表意作用，故许慎才转求声符于犬旁，生出了一个"狱省声"来。

至于"哭"、"笑"何以从"犬"，已难论定。段玉裁所言"窃谓从犬之字，如狡獪狂默猝猥㹮狠獷狀獳狎狃犯猜猛犺㹮狟戾獨狩臭獘獻類猶卅字皆从犬，而移以言人，安见非哭本谓犬嗥，而移以言人也"，或近是。

20. 耳目所司[1]

【图版】

简 50　　简 51　　简 52

【释文】

宊(容)[2]⿰矣色(色)[3],目⿰⿹司台攴(司)[4]也;圣(声)[5],耳⿰⿹司台攴(司)【简50】也;臭(嗅),畀(鼻)[6]⿰⿹司台攴(司)也;未(味),口⿰⿹司台攴(司)【简51】也;⿱既火(气)[7],宊(容)⿰⿹司台攴(司)也;志(志,心)[8]▬⿰⿹司台攴(司)。▬【简52】

【著录】

《郭店楚墓竹简》之《语丛一》简50—52。

【注释】

[1] 楚简。1993年湖北荆门郭店1号楚墓出土,现藏荆门市博物馆。郭店楚简中有一类语录丛抄式的短札,抄写在简长仅为15—18厘米的竹简上,整理者分别编为《语丛》一至四。其中《语丛一》共112简,两端齐平,简长17.2—17.4厘米。本条选录整理者编号为50—52的三简,言耳、目等器官所司之职。

[2] 宊:从宀、公声,即“容”字初文(《说文》以为“容”字古文)。容积之“容”本字作“宊”,容貌之“容”本字作“颂”,在典型的楚文献中二字较少混用。以“宊”表示容貌之“容”,主要见于上博《缁衣》、郭店《语丛一》及上博《鲍叔牙与隰朋之谏》,前二种学者一般认为带有齐鲁文字特点,第三种所述为齐事,也可能有齐文字的痕迹。

[3] ⿰矣色:“色”字繁构,“矣”为累增之声旁。《说文》“色”字古文作“⿰矣彡”,亦从“矣”。

[4] ⿰⿹司台攴:从攴、⿹司台声,当是为司令之“司”造的专字。字所从攴旁与殳旁形近,但比较简52第一个“⿰⿹司台攴”字可知,仍是攴旁,战国文字卜旁往往写作“”。

[5] “聲”、“聽”、“聖”本同源分化,楚文字皆写作“聖”,本象人直立而突出其耳、听口所发之声,后耳下的人旁演变作“壬”,属古文字的演变常例。由耳目通达,引申为聪明睿智乃至超越凡人的圣人。

[6] “自”本象鼻子之形,故“臭”、“鼻”皆从自。“鼻”以“畀”为声,故简文“畀”可读为“鼻”。

［7］燛：从火、既声，“氣”字战国文字常见写法。

［8］“志”下有一横，为合文符号，读为“志，心”。

【延展阅读】

色，《说文》训为“颜气”，本义为脸色。然其小篆字形作“”，《说文》分析为从人、从卩，形与义之间的关系已不甚清楚。

战国楚简的“色”字均不从人，而是从爪。古文字还有一个从爪、从卩的字“印”，在《说文》小篆中已变作“”，被分析为“从匕、从卩”。小篆“印”所从之“匕”与“色”所从之“人”，均为爪旁所变，“匕”《说文》谓“反人”，可见，“匕”或“人”只是字形正反之异，作为偏旁，往往无别。《说文》收从爪、从卩的字有二，分别是“”（𠨘，“抑”字正篆）和“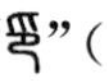”（印），“𠨘（抑）”的本义是按压，字形会以手抑人而使跽跪之意，与“印”为一字分化，“玺印”之“印”实际上是由“按印”之“印”引申而来。值得一提的是，“抑”字隶变后，右半所从变作与“印”相同，亦是爪旁讹变成匕旁之例。

“印”古文字字形爪旁通常在卩旁右侧并列位置：

毛公鼎

诅楚文・湫渊

上博《三德》15

会以手托人而使其仰首之意，是“仰”字初文。造字本义与“印/抑”刚好相反。

“色”字早期字形通常作爪旁在卩旁右侧偏下位置：

黝钟

信阳简 1－1

上博《融师有成氏》8

会以手示“颜气”之意。“色”与“印”显然字形十分接近，故战国秦汉时期“色”字写法多变。秦系主要是将爪旁讹变为人旁，如“”（睡虎地秦简），为《说文》小篆“色”字作“”所本。六国系的变化又可分两种，其一为省变：

上博《鲍叔牙与隰朋之谏》5

上博《孔子诗论》14

郭店《五行》13

主要是卩旁变形。其二是增形：

郭店《语丛一》47	郭店《语丛一》50	郭店《语丛一》110

或增形旁页，或增声旁矣，或舍弃表意初文取“页”、“矣”合成新形声字。其中最后一种与《说文》古文作“”正相合。

21. 居处从游之损益[1]

【图版】

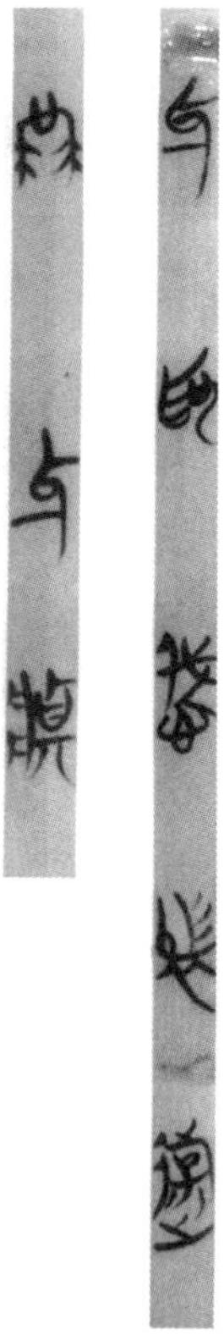

简 9

简 10

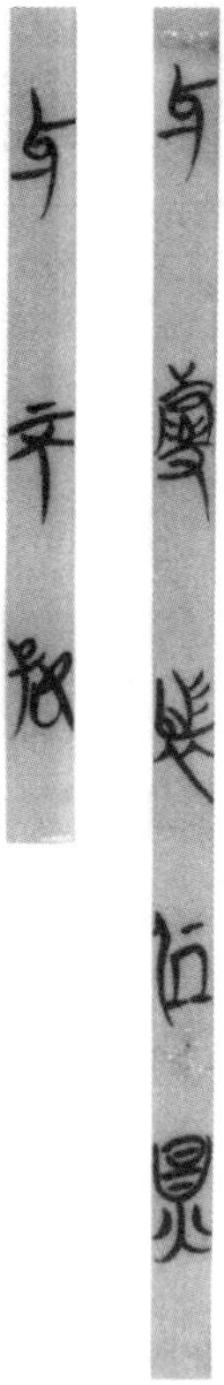

简 11

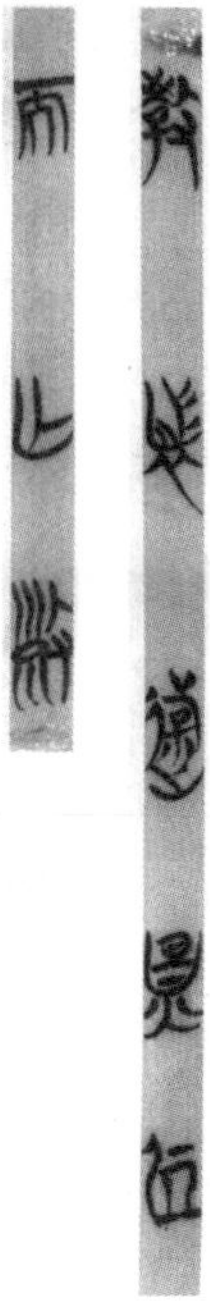

简 12

简 13

简 14

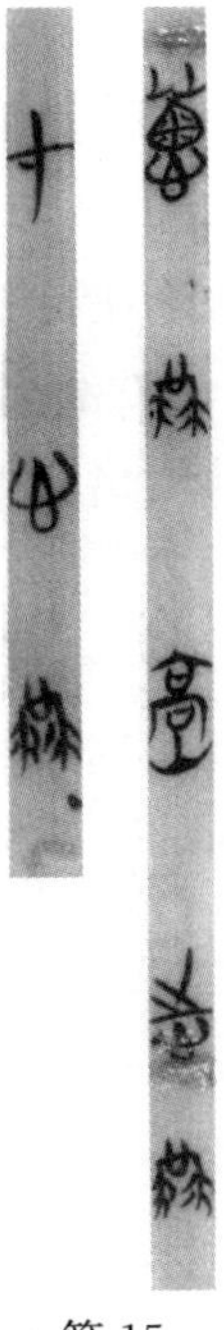

简 15

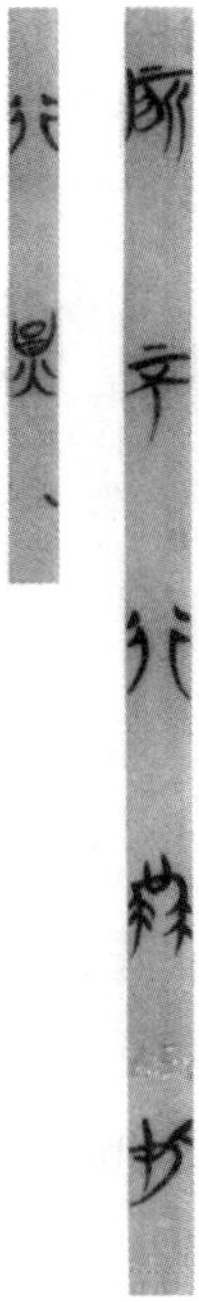

简 16

【释文】

牙(与)[2]为悲(义)[3]者游,莽(益)[4]。牙(与)牂(庄)[5]【简9】者凥(处)[6],莽(益)。诣(起)[7]习曼(文)章[8],莽(益)。【简10】牙(与)曼(慢)[9]者凥(处),员(损)。牙(与)不好【简11】教(学)[10]者游,员(损)。凥(处)而亡(无)譤【简12】习[11]也,员(损)。自貝(视)[12]丌(其)所能,员(损)。【简13】自貝(视)亓(其)所不族(足),莽(益)。游【简14】蔥(佚)[13],莽(益),嵩(崇)志,莽(益)。才(在)心,莽(益)。【简15】……所不行[14],莽(益)。朼(必)行[15],员(损)。【简16】

【著录】

《郭店楚墓竹简》之《语丛三》简9—16。

【注释】

[1] 楚简。1993年湖北荆门郭店1号楚墓出土,现藏荆门市博物馆。郭店简《语丛》诸篇属于格言汇编性质的札记,其中《语丛三》共72简,两端齐平,简长17.6—17.7厘米。本条选录整理者编号为9—16的8简,言行事之损益,其中15、16号简不能连读,中有缺简。《语丛三》一般认为带有齐鲁文字的一些痕迹,部分用字或书写风格与典型的楚文字不尽一致。

[2] "與"字从牙得声,《说文》古文作"舁",亦见于楚简。所从之与即牙之变。故简文可借"牙"为"與"。

[3] 悲:从心、我声,"義"字异体。"義"本从我声。

[4] 莽:《说文》"嗌"字籀文,在楚简中一般代表"益"这个字。

[5] 牂:即《说文》"莊"字古文,从爿得声,右半构形不详。

[6]《说文》:"凥,处也。从尸,得几而止。《孝经》曰:仲尼凥。凥谓闲居如此。"包山简有"居凥"连称,故"凥"宜为"处"字。

[7] "诣"是"记"之增繁,口旁是战国文字常见的累增无义偏旁,"己"

写作“吕”之例见“太一生水”条。“记”是“起”的楚文字写法，走、辵义近形旁换用。

[8] “䍐”字构形有不同说法，字形与《汗简》、《古文四声韵》引《石经》古文“閔”字相近，在楚简中多读为“文”。“章”字右下有两撇，也可看作是“彰”字读为“章”。

[9] 此字构形古怪，疑“曼”字写讹，与上文“庄”相对，可读为“慢”，义为轻慢。

[10] “教”、“學”同源，本一字分化，依文义，简文宜读为“學”。

[11] ⿰巤攴：从攴、巤声，简文疑读为“猎”，义为追求、搜求，与“习”义近。扬雄《法言·学行》：“耕道而得道，猎德而得德。”“处而无猎习”指平时居处不事学习。

[12] “見”象直立人形上突出眼目之形，在古文字中代表“视”这个字，“見”则作“”，“目”下从屈体之人形。

[13] ⿱菌心：从心、菌声，“菌”相当于后世的“屎”。简文中可读为“佚”。

[14] 此简与上文不能连读，“所不行”前疑可补“有”字。

[15] ⿰才匕：从才、匕声，为必须之“必”另造的形声字。“必行”与“所不行”相对，《论语·子罕》：“子绝四：毋意，毋必，毋固，毋我。”

【延展阅读】

本条“也”字作“”，上半明显从口，而《说文》小篆则作“”，许慎解释说：“女阴也。象形。，秦刻石也字。”是据讹变字形立说，于文献无征。先秦古文字的“也”还作如下之形：

(1) (郭店《唐虞之道》2)、(栾书缶)、(上博《孔子诗论》16)

(2) (郭店《老子》甲 16)、(郭店《语丛三》25)、(郭店《语丛一》57)

(3) (郭店《六德》17)、(郭店《成之闻之》20)、(上博《昭王毁室》8)

(4) (上博《缁衣》11)、(诅楚文)、(平安君鼎)

(1) 在口下加一直笔或曲笔；(2) 将口旁末笔与口下曲笔连写；(3) 在口下再增一笔；(4) 将口旁的横笔往两边穿出(这种现象在古文字中不乏其例)。可以看到，《说文》所收秦刻石的字形与(4)相同，小篆字形则是在此基础上的进一步讹变。至于隶楷阶段的“也”字，也是承这一系列而来：

、（睡虎地秦简）→（马王堆帛书）→、（银雀山汉简）

“也”字本会口中出气之意，即语气词“也”的本字。《说文》对“只”字的说解也是口中出气，《说文》：“只，语巳词也。从口，象气下引之形。”文献中亦有其例证，如：

《诗·周南·樛木》：“乐只君子。”

《诗·鄘风·柏舟》：“母也天只，不谅人只。”

这些文例，“只”都可以用“也”来替代。古文字“只”作：

（卲豆，偏旁）

（郭店《语丛四》17，偏旁）

（上博《鬼神之明》2）

赵平安先生认为字本上从口，下从人肢，可能是肢体之“肢”的本字，“肢”《说文》正篆正作“胑”。（赵平安《对上古汉语语气词“只”的新认识》）这些“只”字，与上列“也”字第（3）类写法十分接近，而“也”、“只”古音也相近，传世文献及《说文》说解所谓的语气词“只”，可能就是“也”字的写讹。

与“也”字存在纠葛的还有“它”字。“地”字《说文》小篆从也，但楚文字作“”，从它。《左传·隐公元年》：“佗邑唯命。”“佗”即今之“他”。“它”字甲骨文作“”（合集14353），象蛇之形，即“蛇”字初文。金文作“”（沈子它簋）、“”（郑伯匜）等形，战国文字作“”（包山简164），秦汉文字作“”（睡虎地秦简）、“”（马王堆帛书）。在秦汉阶段，篆隶之间，“它”、“也”二字十分形近，所以出现了部分本从它的字讹变成从也，“他”、“地”、“池”等字本来都从“它”。

22. 靡言不酬，靡德无复[1]

【图版】

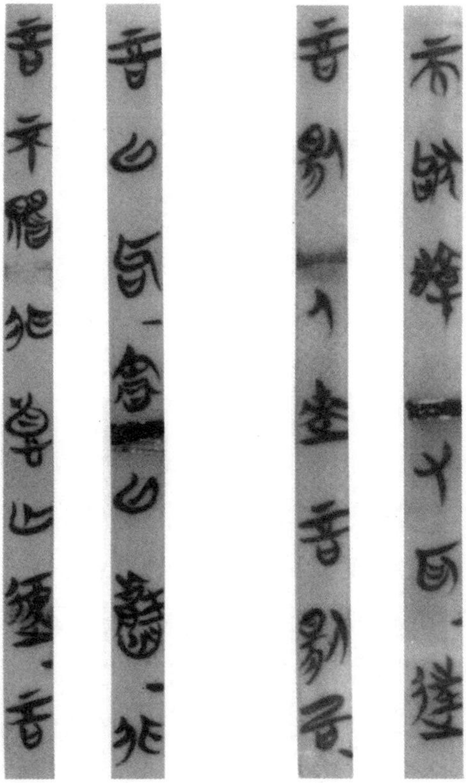

简 1　　　　　　简 2

简 3

简 4

【释文】

言以詞(始)[2]，寈(情)以旧(久)[3]。非(靡)言不𧷸(酬)，非(靡)悳(德)亡(无)𨑥(复)[4]。言【简 1】而狗(苟)，𦡚(墙)又(有)耳[5]。迬(往)言剔(伤)人，𣥺(来)言剔(伤)㠱(己)[6]。【简 2】言之善，足以夂(终)殜(世)[7]，厽(三)殜(世)之福，不足以出丧[8]。▬【简 3】口不訢(慎)而床(户)之閟(闭)[9]，亚(恶)言𨑥(复)已而死无日。▬【简 4】

【著录】

《郭店楚墓竹简》之《语丛四》简 1—4。

【注释】

［1］楚简。1993 年湖北荆门郭店 1 号楚墓出土，现藏荆门市博物馆。郭店楚简《语丛四》简长 15.1—15.2 厘米，为格言汇集性质的短札，体例与《说苑·谈丛》、《淮南子·说林》等相近。该篇每小节均于句末有墨节符号标记，本条前 3 简为一节，第 4 简为一节，所论皆与“言”相关。

［2］“訇”为台、司双声符字（口旁可视为台、司共用），在楚简中常用以表示“始”或“辞”，简文“訇”与“舊”相对，可读为“始”。

［3］楚文字未见“久”字，新旧之“舊”与长久之“久”皆写作“舊”，“久”、“舊”音义皆近，本属同源。《尚书·无逸》“其在高宗，时旧劳于外”，郑玄注：“旧，犹久也。”《史记·鲁周公世家》即作“时久劳于外”。《说文》：“久，从后灸之。象人两胫后有距也。”（据徐锴《系传》）传世文献借“久”来表示长久义，以与“舊”分化。

［4］賰：简文从贝、寿省声，可读为“酬”。逿：“復”字异体，简文中义同于报。本句与《诗·大雅·抑》“无言不雠，无德不报”意义相同。

［5］牆：从𩫖、爿声，是墙垣之“墙”的古写，所从之𩫖，《说文》以为“墉”之古文，又即“郭”字所从，本象城郭墙垣之形，兼表“郭”、“墉”二义。《诗·小雅·小弁》：“君子无易由言，耳属于垣。”意义与简文相同。“墙有耳”亦见《管子·君臣下》“古者有二言：墙有耳、伏寇在侧”句。

［6］迬：“往”字楚简写法，易彳旁为辵旁。逨：“來”字繁构，增止旁强化动词义。㠯：“已”字增繁，口旁为赘加无义偏旁。剔：从刀、易声，或体作“𢧵”，皆为伤害之“傷”的古写，从刀与从戈义近。

［7］夂：由“終”字初文演变。终世：这里指善终。

［8］“喪”甲骨文从众口、桑声，金文多将桑旁下半变形声化为“亡”，上半亦多省变。口旁省去后即成本简的写法。关于“喪”字演变，详下延展阅读。

［9］訢：“慎”字战国文字的常见写法。床：《说文》“户”字古文。闷：

《说文》谓“闭门也”，简文用其本义。

【延展阅读】

（一）关于“慎言”

有关慎言的重要性，文献所述甚多。《说苑·谈丛》：“言人之善，泽于膏沐；言人之恶，痛于矛戟。”可与简文“言之善，足以终世”参看。《说苑·谈丛》：“口者关也，舌者兵也，出言不当，反自伤也。”以“关”喻口，犹简文以“户”喻口。《礼记·缁衣》：“小人溺于水，君子溺于口，大人溺于民。口费而烦，易出难悔，易以溺人。”郑玄注：“溺，谓覆没不能自理出也。”近于简文所谓“恶言复已死无日”。

（二）丧字之演变

“丧”字小篆作“[glyph]”，《说文》谓：“亡也。从哭、从亡，会意，亡亦声。”然甲骨文作：

[glyph]（合集 54）、[glyph]（合集 97）

实以“桑”为声符，以众口哀号表意。金文多变作：

[glyph]（毛公鼎）、[glyph]（量侯簋）

“桑”形下半变写作“亡”。战国楚简“丧”字写法承继商周古文而形体多变，字形嬗变的基本轨迹如下：

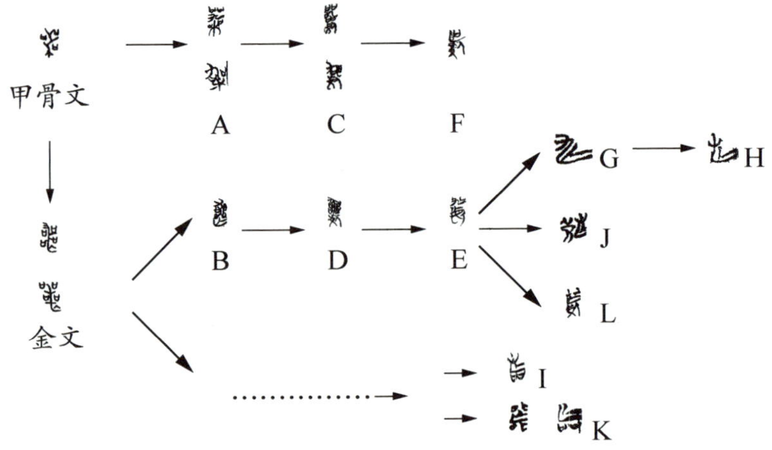

其中 A、B 分别承甲骨文、金文写法而来，B 的亡旁已脱离整体字形独立

出来，开启了《说文》小篆写法的先声。C、D分别是在A、B的基础上累增死旁表意(其中C省去了A的木旁)。E上部所从，则是对D上部所从的进一步简省，省去原来表意部件“口”，只保留了桑旁的大概和亡旁。F上部所从也是对C、D等形上部所从的简省。新增的表意偏旁(死)往往部分取代原义符(口)的表意功能，也促使原义符简省讹变。G是E省去死旁的简写，H是G的进一步演变。I所从之口，保留甲骨金文写法的基本表意部件；J所从的歺旁则是由死旁省换。K是金文字形省去桑形而来。以上诸类写法，除A外，或保留亡旁，或增死、歺旁，全字表意的重点已从“众口”转移，更突出“丧亡”的意义特征。L来源于E，由而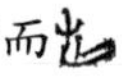，由而，上半遂与“芒”同形。

本条简3及“平王问郑寿”条简5“丧”字均属H类写法，“不盈于十言而百世不失之道”条简14“丧”字属G类写法，“昭王毁室”条简1“丧”字属J类写法，可参看。

23. 窃钩者诛，窃邦者为诸侯[1]

【图版】

简 8

简 9

【释文】

𢼸（窃）[2]钩[3]者豉（诛）[4]，𢼸（窃）邦[5]者为者＝侯＝（诸侯，诸侯）之门，义士【简8】之所廌（存）[6]。▬【简9】

【著录】

《郭店楚墓竹简》之《语丛四》简8—9。

【注释】

［1］楚简。1993年湖北荆门郭店1号楚墓出土，现藏荆门市博物馆。本条选自郭店楚简《语丛四》，共2简，简长15.1—15.2厘米，句末留空，有墨节符号。

［2］𢼸：从攴、𡗗声，"𡗗"在战国楚文字中用为"察"、"淺"、"竊"等字的声旁，与"僕"字所从声旁形近，但并非同一个字。包山简120、清华《楚居》简4"竊"字作"𥻸"，从米、从𢼸，"竊"字《说文》小篆亦从米，"𥻸"可能就是"竊"的楚系专字。

［3］钩：简文作"鉤"，"勾曲"之"勾"本作"句"，"勾"为后世分化字，故"鉤"即"鈎"的本字。这里指腰带钩。

［4］豉：从戈、豆声，为诛杀之"誅"的楚系专字，中山王壶作"栽"，从戈、朱声。朱与豆古音相近，厨房之"厨"，楚文字作"脰"，三晋文字作"胅"，可与此比。从言、朱声的"誅"字《说文》训为"討"，是诛责之"誅"的本字，传世文献借以替代"豉"、"栽"等字兼表诛杀义。

［5］《说文》："邦，国也。"又："国，邦也。"邦、国义近而互训，在诸侯分封国这一意义上，先秦出土文献多用"邦"，如《诗经》"国风"，上博楚简《孔子诗论》作"邦风"；官职名"相国"，战国兵器题铭作"相邦"。

［6］楚简无"存"字，存在义以"廌"为之。"廌"为古文字"薦"字声旁，而"薦"与"荐"相通，故可用"廌"记录"存"这个词。郭店楚简《成之闻之》简35"樵（津）梁争舟"，"樵"从才、廌声，可能是表存在义的专字，借为"津"。

【延展阅读】

与本条所记相近的文句见于传世文献：

《庄子·胠箧》：彼窃钩者诛，窃国者为诸侯。诸侯之门，而仁义存焉。

《庄子·盗跖》：小盗者拘，大盗者为诸侯。诸侯之门，义士存焉。

《史记·游侠列传》：窃钩者诛，窃国者侯。侯之门，仁义存。

就文义表述而言，上述诸本有“仁义”和“义士”两种版本，在郭店楚简未出之前，有学者怀疑《盗跖》篇之“义士”，为“仁义”之误，今据《语丛四》，可知其实各有所本。《胠箧》说的是“不仁不义者”“窃仁义之名，以行不仁不义之实”的事实——仁义礼智既然能成为窃国大盗的护身符，窃国大盗也就腼然成为仁义礼智的体现者；《盗跖》讲的是“义士”自觉依附行为丑恶的窃国者的事实——大盗窃国之后，便有所谓义士，为他出力，替他吹捧。

从文字的角度看，通过简文与传世文献的对读，使得战国文字中的“𢿙”、“戝”、“廌”等字的音义得到进一步的确定，有利于促进研究者对战国文字字词关系的认识。如传世文献“誅”兼表言语谴责与杀戮义，二者虽有语义联系，但毕竟相差较远，简文之“戝”，以戈为义符，突出砍伐义，为诛杀之“誅”的专字。

24. 大禹治水[1]

【图版】

简 24

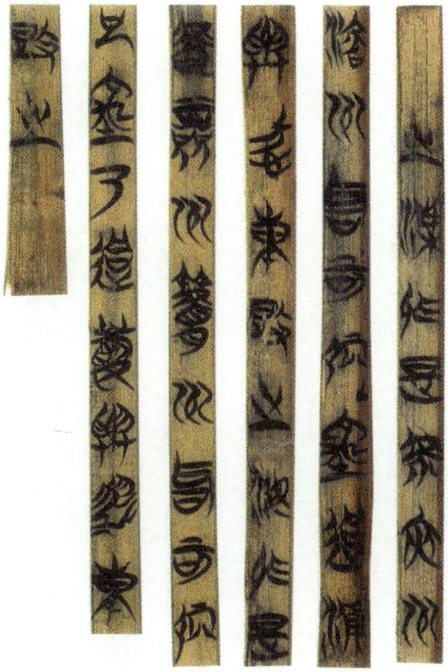

简 25

简 26

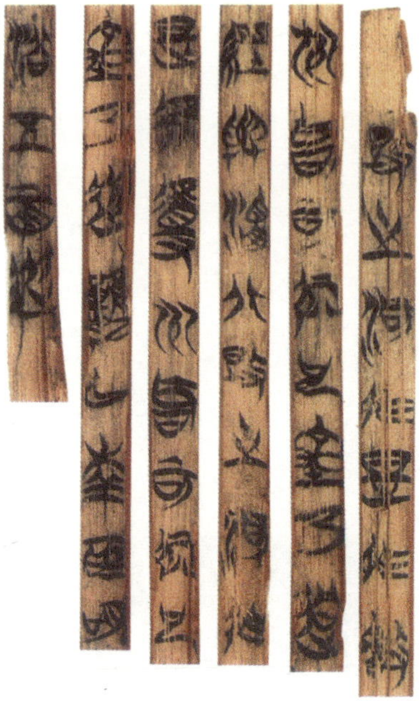

简 27

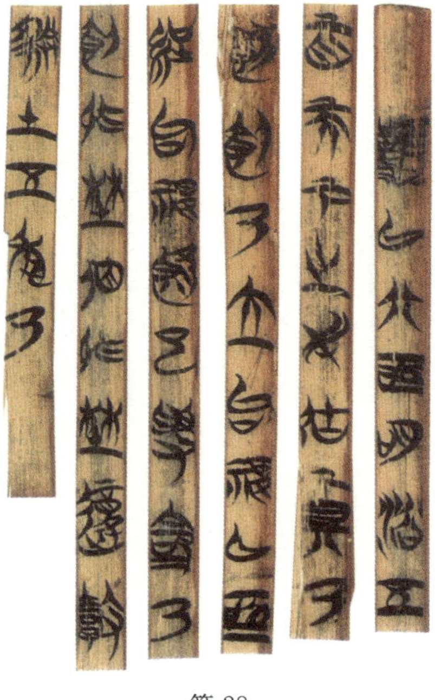

简 28

【释文】

墬(禹)親(亲)[2]䙷(执)枌(畚)耜(耜)[3],以波(陂)明者(都)之泽[4],决九河【简 24】之滐(堨)[5],于是虖(乎)[6]夹州[7]、滁(徐)州[8]訇(始)可凥(处)。墬(禹)迵(通)淮与忻(沂)[9],东豉(注)之海(海)[10],于是虏(乎)[11]竞州[12]、篖(莒)州[13]訇(始)可凥(处)也。墬(禹)乃迵(通)蒌(滱)与湯(易)[14],东豉(注)之【简 25】海(海),于是虖(乎)菲(并)州[15]訇(始)可凥(处)也。墬(禹)乃迵(通)三江五沽(湖)[16],东豉(注)之海(海),于是虏(乎)翻(荆)州[17]、鄝(扬)州[18]訇(始)可凥(处)也。墬(禹)乃迵(通)泦(伊)[19]、洛,并里[20]、干(涧)[21],东【简 26】豉(注)之河,于是於(乎)敍(豫)州[22]訇(始)可凥(处)也。墬(禹)乃迵(通)经(泾)与渭,北豉(注)之河,于是虖(乎)虘州[23]訇(始)可凥(处)也。墬(禹)乃从滩(汉)[24]以南为名浴(谷)[25]五百,从【简 27】滩(汉)以北为名浴(谷)五百。天下之民居奠(定)。【简 28】

【著录】

《上海博物馆藏战国楚竹书》(二)《容成氏》简 24—28。

【注释】

[1] 楚简。现藏上海博物馆。《容成氏》完、残简整理者共编为 53 号,完简长 44.5 厘米,两端平齐,简文自题为“讼城氏”,即古书所见上古帝王名“容成氏”。《容成氏》共存 2700 余字,历记从容成氏、神农氏以降到武王伐纣的丰富古史传说内容,备受学界瞩目。由于简文篇幅较长,又有残断缺失,故在原整理的基础上,不少学者做过重新的编联尝试。本条所选为原编第 24—28 简,讲述大禹治水、分天下为九州事。简 23 记有“舜听政三年”,“乃立禹以为司工(空)”,治水即禹作为司空之职责所在。简 24 上段残去,前文尚有“面干皵,胫不生之毛”等语,应是描写禹之容貌,简 28 后段尚有“乃立后稷以为田,后稷既已受命,乃食于野、宿于野”

等语，这里均不作介绍。本条从简 24 第 13 字开始。

［2］親：从见、辛声，“親”字古写。

［3］枌：读为“畚”，盛土之器。《淮南子·要略》“禹身执虆垂”，王念孙指出“虆垂”为“虆臿”之误，《太平御览》引作“畚插”。卲：读为“耜”，掘土之器。

［4］波：读为“陂”，筑堤障塞。明者：又作“明都”（《史记·夏本纪》）、“孟猪”（《书·禹贡》），即古书常见的孟诸泽，地在今河南商丘东北。《墨子·兼爱中》：“古者禹治天下……防孟诸之泽。”“防”、“陂”义近。

［5］濼：读为“竭”，阻塞。九河：《尔雅·释水》有“九水”：徒骇、太史、马颊、覆鬴、胡苏、简、絜、钩盘、鬲津。

［6］虖：语气词“乎”的楚文字写法之一。“虎”、“乎”古音相近，“虖”是在“虎”字下半讹变近于人旁的部件两侧增加饰笔分化而成，与第一人称代词“吾”的楚文字写法“虗”的成字方式类似。楚简“望”字异体作“室”（郭店《穷达以时》4），或作“腤”（上博《缁衣》2），可作对比。

［7］夹州：文献未载，或疑相当于《禹贡》之“兖州”，一说相当于“冀州”。

［8］滁：“涂”字繁构，“滁州”即“徐州”。

［9］淮与沂：淮水与沂水，《禹贡》：“海岱及淮惟徐州，淮、沂其乂。”

［10］豉：从攴、豆声，灌注之“注”的楚文字写法。沕：“海”的楚文字写法，《说文》从每得声之字楚文字多从母。

［11］虐：语气词“乎”的楚文字写法之一，本篇“虖”、“虐”两种异体交替使用。

［12］竞州：文献未载，或疑相当于《禹贡》的“青州”或《尔雅·释地》的“营州”。

［13］篖：读为“莒”，“篖州”即“莒州”，典籍所载九州无此州。

［14］蒌：读为“滱”，滱水在古易水附近，《山海经·北山经》：“滱水出焉，东流注于河。”湯：易水之“易”的专字，易水在古燕地。

［15］荓州：即并州。一说“荓”当隶定为“蓏”，为“藕”字异体，读为“耦”，耦、并义近，“耦州”相当于典籍的“并州”。

［16］沽：“湖”字古写。三江五湖：具体所指说法不一，《禹贡》：“淮、

海惟扬州……三江既入，震泽厎定。”《周礼·夏官·职方氏》：“东南曰扬州……其川三江，其浸五湖。”前者言扬州未及五湖，后者言五湖未提荆州。

[17] 㓝：“𠝷”字变写，“𠝷”是“荆”字战国楚文字的常见写法。

[18] 鄎：从邑，扬州之“昜”的专字。

[19] 泲：从水、死声，伊水之“伊”的专字。《说文》“伊”古文作“𠈌”，谓“从古文死”。

[20] 里：对应《禹贡》作“瀍”。《广雅·释水》：“瀍，理也。”王念孙疏证：“瀍与理声不相近，理字当是𡊮字之讹，𡊮与廛同字，与瀍同声，故云瀍，𡊮也。《集韵》、《类篇》并云‘廛亦作𡊮’。𡊮与理相似，因讹而为理矣。”也可能《禹贡》之“瀍”才是“里”的辗转误字。

[21]《禹贡》：“荆、河惟豫州，伊、洛、瀍、涧，既入于河。”

[22] 敍：“敍”字繁构，“敍州”即“豫州”。

[23] 䖏州：《禹贡》：“黑水西河惟雍州，弱水既西，泾属渭汭。”与简文所记相当。或谓“䖏”读为“阻”，阻、雍义近，故“䖏州”相当于“雍州”。

[24] 灘：从水、難声，“漢”的楚文字写法。《说文》：“漢，漾也。东为沧浪水。从水、難省声。”楚简从難不省，与《说文》“灘”字俗体同形。

[25] 浴：溪谷之“谷”楚文字的常见写法，增水旁表意。

【延展阅读】

简文之“九州”，分别作：

夹、涂(徐)、竞、筥(莒)、荓(并)、𠝷(荆)、鄎(扬)、敍(豫)、䖏

“九州”古书常见，历来说法不一，较有代表性的说法有：

(1) 冀、兖、青、徐、扬、荆、豫、梁、雍(《书·禹贡》)

(2) 冀、幽、兖、营、徐、扬、荆、豫、雍(《尔雅·释地》)

(3) 冀、幽、并、兖、青、扬、荆、豫、雍(《周礼·夏官·职方》)

与《禹贡》相比，《尔雅·释地》有幽、营州而无青、梁州；《周礼·夏官·职方》有幽、并州而无徐、梁州。简文九州之名，和古书记载相对应的有徐州、荆州、扬州、豫州，仅为用字上的差异，殆无异议。其他五州，则仅是立足与传世古书对应的角度作的分析，是否如此，还有待进一步探讨。

《禹贡》对九州所记颇详，今移录如下，以供对比参考：

禹敷土，随山刊木，奠高山大川。

冀州：既载壶口，治梁及岐。既修太原，至于岳阳；覃怀厎绩，至于衡漳。厥土惟白壤，厥赋惟上上，错，厥田惟中中。恒、卫既从，大陆既作。岛夷皮服，夹右碣石入于河。

济、河惟兖州：九河既道，雷夏既泽，澭、沮会同。桑土既蚕，是降丘宅土。厥土黑坟，厥草惟繇，厥木惟条。厥田惟中下，厥赋贞，作十有三载乃同。厥贡漆丝，厥篚织文。浮于济、漯，达于河。

海、岱惟青州：嵎夷既略，潍、淄其道。厥土白坟，海滨广斥。厥田惟上下，厥赋中上。厥贡盐絺，海物惟错。岱畎丝、枲、铅、松、怪石。莱夷作牧。厥篚檿丝。浮于汶，达于济。

海、岱及淮惟徐州：淮、沂其乂，蒙、羽其艺，大野既猪，东原厎平。厥土赤埴坟，草木渐包。厥田惟上中，厥赋中中。厥贡惟土五色，羽畎夏翟，峄阳孤桐，泗滨浮磬，淮夷蠙珠暨鱼。厥篚玄纤、缟。浮于淮、泗，达于河。

淮、海惟扬州。彭蠡既猪，阳鸟攸居。三江既入，震泽厎定。筱簜既敷，厥草惟夭，厥木惟乔。厥土惟涂泥，厥田唯下下，厥赋下上上错。厥贡惟金三品，瑶、琨、筱、簜、齿、革、羽、毛、惟木。岛夷卉服。厥篚织贝，厥包橘柚，锡贡。沿于江、海，达于淮、泗。

荆及衡阳惟荆州：江、汉朝宗于海，九江孔殷，沱、潜既道，云土梦作乂。厥土惟涂泥，厥田惟下中，厥赋上下。厥贡羽、毛、齿、革、惟金三品，杶、干、栝、柏，砺、砥、砮、丹，惟箘簵楛，三邦厎贡厥名。包匦菁茅，厥篚玄纁玑组，九江纳锡大龟。浮于江、沱、潜、汉，逾于洛，至于南河。

荆河惟豫州：伊、洛、瀍、涧既入于河，荥波既猪。导菏泽，被孟猪。厥土惟壤，下土坟垆。厥田惟中上，厥赋错上中。厥贡漆、枲，絺、纻，厥篚纤、纩，锡贡磬错。浮于洛，达于河。

华阳、黑水惟梁州。岷、嶓既艺，沱、潜既道。蔡、蒙旅平，和夷厎绩。厥土青黎，厥田惟下上，厥赋下中三错。厥贡璆、铁、银、镂、砮、磬，熊、罴、狐、狸织皮，西倾因桓是来，浮于潜，逾于沔，入于渭，乱于河。

> 黑水、西河惟雍州。弱水既西，泾属渭汭，漆、沮既从，沣水攸同。荆、岐既旅，终南、惇物，至于鸟鼠。原隰底绩，至于猪野。三危既宅，三苗丕叙。厥土惟黄壤，厥田惟上上，厥赋中下。厥贡惟球、琳、琅玕。浮于积石，至于龙门、西河，会于渭汭。织皮昆仑、析支、渠搜，西戎即叙。

有学者已经指出，与《禹贡》等传世古书相比，无论州名还是州域，《容成氏》都存在或多或少的差异，因而很可能属于自成一格的九州系统。

25. 宣王始弃帝籍[1]

【图版】

简 1

简 2

简 3

简 4

【释文】

昔周武王监观商王之不龏(恭)帝=(上帝)[2],禋祀不寅(寅)[3],乃乍(作)帝钕(籍)[4],以禝(登)祀[5]帝=(上帝)天神,名之曰【简1】千晦(亩)[6],以克反商邑,尃(敷)政天下。至=(至于)[7]柬=王=(厉王,厉王)[8]大瘧(虐)[9]于周,卿李(士)[10]、者(诸)正、万民弗刃(忍)于氒(厥)心,【简2】乃归柬(厉)王于敽(彘)[11],龙(共)白(伯)和立[12]。十又四年,柬(厉)王生[13]洹=王=(宣王,宣王)即立(位),龏(共)伯和归于宋〈宗〉[14]。洹(宣)【简3】王是訇(始)弃帝钕(籍)弗畋(田)[15]。立卅=(三十)又九年,戎乃大敗(败)周𠂤(师)[16]于千晦(亩)[17]。【简4】

【著录】

《清华大学藏战国竹简》(贰)《系年》简1—4。

【注释】

[1] 楚简。2008年从香港文物市场购入,现藏清华大学。清华简《系年》共138简,简长44.6—45厘米,竹简两端齐平,简背有排序编号。全文共分23章,记述周王室衰落及春秋到战国前期史事,所见诸侯名号,最晚为楚悼王。篇题"系年"为整理者据简文内容所拟。《系年》有许多内容可补传世文献之缺,具有重要的史料价值。本条所选为《系年》第一章,共4简,记周"籍田"之制的兴废,与《国语·周语下》所记多可参证。文末有墨节作标记,其后留白。

[2] "昔"字所从日旁讹作田旁,楚简常见。"龏"是恭敬之"恭"的古写。"帝"下有合文符号,读为"上帝"。《说文》分析"帝"字从上,又谓:"古文诸丄字皆从一,篆文皆从二。二,古文上字。"

[3] 寅:读为"寅",《尔雅·释诂》:"敬也。"

[4] 钕:从攴、乍声,"乍"之增繁,"作"字古写,简文中读为"籍"。籍是古代天子、诸侯征用民力耕种的田,每逢春耕前,由天子、诸侯执耒耜在籍田上三推或一拨,称为"籍礼",以示对农业的重视。

[5] 禮:"登"字繁构,增示旁表意。《礼记·月令》:"农乃登麦。"郑玄注:"登,进也。"

[6] 畮:"晦"字楚文字写法,"晦"即《说文》田亩之"畝"的正篆。《说文》从每得声之字,楚简多从母,如"海"作"泀"、"晦"作"畮"、"敏"作"勄","侮"《说文》古文亦从母作"㑄"。千亩:相传天子籍田千亩,诸侯百亩。

[7] 简文"至于"合文。

[8] 厉王:金文作"剌王","柬"即"剌"字所从。

[9] 瘧:"瘧"字古文,读为"虐"。"虐"《说文》古文作"虐",即此字所从。

[10] 李:楚文字"李"字,以"來"为声,简文中读为"士"。

[11] 彀:即"徹"字,简文中读为"彘"。《左传·昭公二十六年》:"至于厉王,王心戾虐,万民弗忍,居王于彘。"

[12] "龍"为"龏"之省,下文即作"龏",读为"共"。《史记·周本纪》索隐引《纪年》:"共伯和干王位。"

[13] 简文"生"字中竖上端较一般写法增一点。

[14]《经典释文》引《庄子·让王》司马彪注云:"召公乃立宣王,共伯复归于宗。"简文"宋"是"宗"之误,共地在卫,"宗"指其宗国,即卫。

[15]《国语·周语上》:"宣王即位,不籍千亩。"

[16] 战国文字一般以"帀"为"師",本文以"𠂤"为"師",同于早期古文字的用法。

[17]《国语·周语上》:"三十九年,战于千亩,王师败绩于姜氏之戎。"

【延展阅读】

古代有所谓籍田制度。籍田是天子、诸侯征用民力耕种的田,相传天子籍田千亩,诸侯百亩。每逢春耕前,由天子、诸侯执耒耜在籍田上三推或一拨,称为"籍礼",以示对农业的重视,亦以指天子示范性的耕作。《诗·周颂·载芟》序:"载芟,春籍田而祈社稷也。"郑玄笺:"籍田,甸师氏所掌,王载耒耜所耕之田。天子千亩,诸侯百亩。籍之言借也,借民力治之,故谓之籍田。"《史记·孝文本纪》:"上曰:'农,天下之本,其开籍田,朕亲率耕，以给宗庙粢盛。’”裴骃集解：“应劭曰：‘古者天子耕籍田千亩，为天下先。籍者，帝王典籍之常。’韦昭曰：‘籍，借也。借民力以治之，以奉宗庙，且以劝率天下，使务农也。’”

“籍田”之“籍”，《说文》作“耤”：“帝耤千亩也。古者使民如借，故谓之耤。从耒、昔聲。”“耤”古文字作如下之形：

合集 9506

合集 9503

令鼎

本象人侧立推耒、举足踏耒之形，后增声旁“昔”，原表意初文简化为耒，耒本作“”。令鼎铭云：“王大耤农于諆田。”“耤”本义为翻土耕种，引申之专指作为帝王主持开耕仪式的籍田。传世文献通写作“籍”，“籍”《说文》谓：“簿书也。从竹、耤声。”本义是古代关于贡赋、人事及户口等的档案。簿籍以竹简为载体，故从竹；上古农业社会，户口、贡赋皆与农耕密切相关，故“籍”与“耤”当同源。

从乍之字与“籍”常相通。《墨子·辞过》：“民所苦者非此也，苦于厚作敛于百姓。”《墨子·节用上》：“其使民劳，其籍敛厚。”中山王方壶：“⿰乍又敛中则庶民附。”上博《容成氏》简 36“敷为正⿰乍又以正关市”，“正⿰乍又”即“征籍”。“乍”与“耤”实亦同源。

“乍”古文字作如下之形：

合集 6923

乙亥鼎

乃孙作父己鼎

从耒之象形，其右上的笔画表示以耒起土时翻起的土块。“乍”是“作”字初文，在古文字尤其是战国文字中又写作“⿰乍又”、“⿰乍攴”等形，所增又旁或攴旁义近，均用以标示其动词义。《易·益卦》“利用为大作”，虞翻注：“大作谓耕播耒耨之利。”《书·尧典》“平秩之作”，孔传“东作之事，以务农也”，均用其本义。（曾宪通《“作”字探源——兼谈“耒”字的流变》）

26. 楚　居[1]

【图版】

简 2

简 3

简4　　简5　　简6

简 7

简 8

【释文】

穴酓(熊)[2]迟(迟)遷(徙)[3]于京宗,爰旻(得)【简 2】妣𠑇[4],逆流哉水,氒(厥)脜(狀)𦔻(聶)耳[5],乃妻之,生侸吊(叔)、丽季[6]。丽不从行,渭(潰)自𦢊(胁)出[7],妣𠑇宾于天[8],晋(巫)𣱱

(咸)贼亓(其)髗(胁)以楚[9]，氏【简 3】今[10]曰楚人。至酓(熊)㤱(狂)亦居京宗。至酓(熊)羿(绎)与屈紃[11]，思(使)[12]若(鄀)嗌(益)[13]卜遷(徙)于臺(夷)宅(宅)[14]，为梫(便)室[15]＝(室，室)既成，无以内(纳)之，乃𥢊(窃)[16]若(鄀)人之犝(犝)[17]以【简 4】祭，愳(惧)亓(其)宔(主)，夜而内(纳)层(尸)[18]，氏今曰栾[19]＝(栾，栾)朼[20](必)夜。【简 5】

至武王酓(熊)䵣[21]自宵遷(徙)居免，女(焉)𠭁(始)[□□□□□]【简 7】福。众，不容(容)于免[22]，乃渭(溃)疆涅之波(陂)而宇人女(焉)，氏今曰郢[23]。【简 8】

【著录】

《清华大学藏战国竹简》(壹)《楚居》简 2—5、7—8。

【注释】

[1] 楚简。2008 年从香港文物市场购入，现藏清华大学。清华简《楚居》共 16 简，大部分完好，简长约 47.5 厘米，两端齐平。全篇记述楚自季连开始到楚悼王共 23 位楚公、楚王的居处与迁徙，内容与《世本》之《居篇》相似，整理者遂据以命名为《楚居》。《楚居》是楚人自述其源起和世系的重要文献，为研究先秦楚系历史提供了重要的材料。本条节选自《楚居》简 2—5 及简 7—8 的部分内容，涉及"楚"(楚人自名)、"栾"(楚祭名)、"郢"(楚都名)等称名来源的详细记载。释文第一段从简 2 第 30 字开始，到简 5 第 14 字结束；第二段从简 7 第 25 字开始，到简 8 第 20 字结束。诸简其余内容这里不作介绍。

[2] 诅楚文及传世文献载楚王及先公名号中的"熊"，出土楚文献多写作"酓"。"穴酓"即"穴熊"，又作"鬻熊"，是楚人祭祷的"三楚先"之一。

[3] 逄："遲"字异体，"遲"《说文》籀文作"遟"，"遟"从犀声，"犀"从辛声，故可简省作"逄"。遷：从辵、𡲬声，即"徙"字古写。"𡲬"的基本声符是"少"，《说文》以"徙"为从辵、止声，出土秦系文字所见实从少声。"徙"《说

文》古文作“𡰪”，即“屖”之讹变。

［4］简文此处“妣”字墨迹模糊。𠭯：上博《容成氏》简16读为“癘”，简文此处可读为“厲”，妣𠭯为古厉国女子。

［5］𩑶：从百（与页、首同义）、爿声，即状貌之“狀”的本字。𦔻：读为“聶”，《山海经・海外北经》有“聂耳之国”，“为人两手聂其耳”，注：“言耳长，行则以手摄持之也。”

［6］佢叔：人名，史传失载。丽季：即《楚世家》所记鬻熊之子熊丽。

［7］从：顺。“从行”意为顺产。髗：从骨、𪊨声，简文中读为“脅”。熊丽出生时不能顺产，从妣𠭯胁间生出。传世文献有楚先祖自胁出的记载，《史记・楚世家》：“陆终生子六人，坼剖而产焉。”有关先祖奇异分娩方式的传说普遍存在于各族群的起源神话中，另可参“三王者之作”条。

［8］宾于天：上为天帝之宾。

［9］赅其胁以楚：大意指用楚（荆条）修治溃破的胁部。

［10］氐，《说文》：“至也。”简文用其本义，“氐今”即至今。

［11］酓𤜵：即熊狂，熊丽之子。酓𦋆：即熊绎，熊狂之子。屈約：人名，史传失载。

［12］使役之“使”，楚简常用“思”表示。

［13］𦬁：《说文》“嗌”字籀文，此处作人名，可读为“益”。鄀益：鄀人先祖。《左传・僖公二十五年》：“秋，秦晋伐鄀。”杜预注：“鄀本在商密，秦楚界上小国，其后迁于南郡鄀县。”

［14］宅：读为窀穸之“窀”，指厚葬的大墓，“夷窀”即楚先祖墓葬地“夷陵”。

［15］柀：从木、以“鞭”字古文为声，可读为“便”。便室是祭祖安神、举行祭祀活动的场所。

［16］𥺆：从米、从敹，“敹”所从的声符“𡗗”在战国楚文字中用为“察”、“淺”、“竊”等字的声旁，与“僕”字所从声旁形近但非一字。“𥺆”字从米，与《说文》小篆“竊”字从米同，可能就是“竊”的楚系专字。

［17］犝：读为“犝”。《尔雅・释畜》“犝牛”注：“今无角牛。”疏云：“犝牛者，无角牛名也。《易》云‘童牛之牿’是也。”

［18］𥘸：从示、尸声，楚月名“𦓤𥘸”、“夏𥘸”，秦简作“刑夷”、“夏夷”。

“尸”在简文中读为“尸”，指古代祭祀时代死者受祭的人。周代祭祀，尸进入庙中，祝等宗教人员有迎尸之节，“纳尸”即迎尸祭祀，简文是说夜晚迎尸于便室行祭祀之事。

[19] 柰：从示、亦声，根据简文，“柰”得名于夜，指夜里进行祭祀，“夜”也是从亦得声。楚月名有“冬柰”、“屈柰”、“远柰”、“夏柰”，秦简分别作“冬夕”、“屈夕”、“远(援)夕”、“夏夕”，“柰”与“夕”可能义近。汉晋人有“夕牲”之说，《汉书·丙吉传》：“始显少为诸曹，尝从祠高庙，至夕牲日，乃使出取斋衣。”颜师古注：“未祭一日，其夕展视牲具，谓之夕牲。”

[20] 札：从才、匕声，为必须之“必”造的形声字。

[21] 䑛：从肙(“舌”字楚文字写法)、从奚，楚武王名。《楚世家》载楚武王名熊通，在位51年。《世本·居篇》：“楚鬻熊居丹阳，武王徙郢。”

[22] 本句指楚人口增多，免地无法容纳。

[23] 疆浧：水泽名，据简文，经过楚人整治而成为居住地，“疆郢”便由“疆浧”转化而来。“郢”是武王之后楚王居的通称，《楚居》中所记楚肃王之前以“郢”为名的王居有疆郢等14个。

【延展阅读】

典籍所记，楚国有“楚”、“荆”二名。《春秋·庄公十年》杜预注：“荆，楚本号，后改为楚。”《左传·僖公元年》杜预注：“荆始改号曰楚。”以公元前659年即楚成王十三年改国号为“楚”。其实，周原甲骨已见“楚”之名号，如“曰：今秋楚子来，告父后哉”。(H11：83)“楚白(伯)乞(迄)今秋来”。(H11：14)可知在熊绎受封之前，已以“楚”为名。

载籍中多称楚国作“荆”，可能源自中原地区对楚国的称呼。楚人每自称作“楚”，故“楚”才是楚国的固有国号。这与诅楚文及传世文献载楚姓作“熊”，而出土楚文献多自称为“酓”的情况类似。这类同指异词或同词异字现象在传世与出土文献中相当常见。

《说文》：“楚，丛木，一名荆也。”“楚”本是木名。《史记·楚世家》记周成王“封熊绎于楚蛮”。姜亮夫认为：“楚自称蛮夷，故不避恶木之称。且云梦江汉之地古本内陆浅海，烟霭万顷，幽篁千里，职方之贡惟苞茅，僻在南疆，开发较晚，自号曰楚者，盖亦谓其为丛木之人耳。”(《荆楚名义及楚史地》,《姜亮夫全集》(8),云南人民出版社,2002 年)仅属猜测。

今清华《楚居》简 2—3 云:“丽不从行,溃自胁出,妣戏宾于天,巫咸赅其胁以楚,氐今曰楚人。”谓丽季(熊丽)“胁生”,丽季之母妣戏得到大神巫咸的疗救,以“楚”即荆条替她修治胁部,于是“氐今曰楚人”。这是楚人对自身国号的追溯,虽富有神话色彩,却符合一般族群关于先祖起源的神话传说,为我们提供了国号“楚”之来历的答案。

27. 毁钟型而听邦政[1]

【图版】

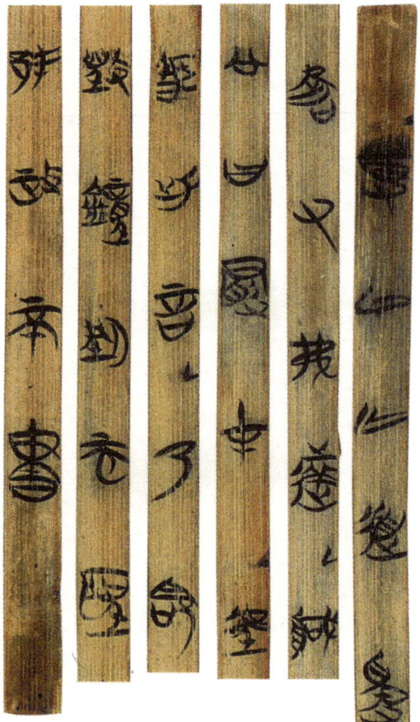

简 10

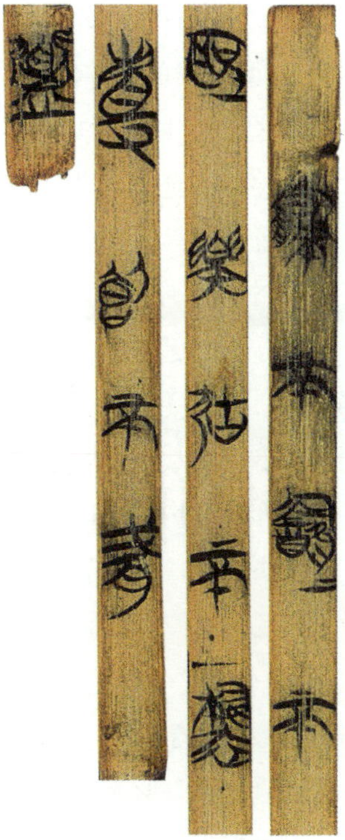

简 11

简 12

【释文】

乃命毁钟型而圣（听）邦政[2]。不昼【简10】寝，不歓＝（饮酒）[3]，不圣（听）乐，居不亵（袭）曼（文）[4]，飤（食）不貳（二）盥[5]，【简11】兼忢（爱）[6]萬（万）民而亡（无）又（有）厶（私）也。【简12】

【著录】

《上海博物馆藏战国楚竹书》（四）《曹沫之陈》简 10—12。

【注释】

［1］楚简。现藏上海博物馆。《曹沫之陈》完、残简合计整理者编号共 65 枚，因为残断比较严重，影响文义理解，不少学者做过不同的编联。全文以曹蔑谏止鲁庄公“为大钟”开篇，通过二人的问答，论述治国与治兵

之道，重点在后者，是一篇完整论述行兵胜敌策略的先秦兵学文献。简 2 背面有篇题“散蔑之𢃄(阵)”，“散蔑”即典籍所载的曹刿(亦作曹沫等)。本条选取的是《曹沫之陈》篇简 10 第 19 字到简 12 第 9 字，前后简文从略。简 11 与 12 分别是完简的上半段和下半段，应拼合为一简。

［2］本篇开首言“鲁庄公将为大钟，型既成矣”而“曹蔑入见”，曹蔑指出，“昔周室之邦鲁，东西七百，南北五百”，“今邦弥小而钟愈大”，他告诫庄公“邻邦之君明，则不可不修政而善于民，不然恐亡焉；邻邦之君无道，则亦不可不修政而善于民，不然无以取之”。曹蔑还论“天命”说：“君子以贤称而失之，天命；以无道称而没身就世，亦天命。不然，君子以贤称，曷有弗得？以无道称，曷有弗失？”经过一番劝谏，鲁庄公遂决定“毁钟型而听邦政”。本条所述，就是鲁庄公决心励精图治的实际行动。

［3］“歙”字甲骨文作“”(合集 10405 反)，象人探舌于酉(尖底酒坛)饮酒之形，是“飲”的本字。舌旁后来变形声化为“今”，遂写作“歙”。古文字以“酉”为“酒”，所以简文“歙＝”是“歙(饮)酉(酒)”的合文。

［4］亵：读为“襲”，义为重(chóng)。“𡕒”字构形有不同说法，字形与《汗简》、《古文四声韵》引《石经》“閔”字古文相近，在楚简中多读为“文”，“居不袭文”与下句“食不二盬”对举，都是形容生活节俭不奢华，类似的表述文献多见，如“衣不亵(袭)美，食不重味”(上博二《容成氏》简 21)，“食不加肉，衣不重采”(《史记・越王勾践世家》)等，“袭”、“二”、“重”等意义相近。

［5］饮食之“食”楚文字皆作“飤”。“盬”字又见于上博二《容成氏》简 21，春秋金文作“鬻”，从鬻、采声。简文中读为“莘”，《说文》：“莘，羹菜也。从艸、宰声。”朱骏声《说文通训定声》：“谓烹菜为羹，字亦作縡。”这里的意义与“食不重味”、“食不二味”、“食不重肴”等略同。一说，“盬”读为“羹”。

［6］炁，《说文》：“惠也。从心、旡声。”即爱怜之“愛”的本字。

【延展阅读】

鲁庄公“毁钟型而听邦政”之事，亦见于《太平御览》卷 575 引《慎子》佚文：“鲁庄公铸大钟。曹刿入见曰：‘今国褊小而钟大，君何不图之？’”与简本《曹沫之陈》首句近乎相同。又上博《庄王既成》篇首句有“庄王既成无射”，也是以铸大钟为引子，论为政者之得失。

古书中关于王侯将相生活简俭、励精图治的表述，与简文多可互证，毋庸赘言，惟“不昼寝”一事，值得一说。“昼寝”从字面理解，就是白天睡觉，简文将之与饮酒、听乐并提，当然是视之为贪图享乐的表现。这可从《论语·公冶长》第10章得到印证：

> 宰予昼寝。子曰：“朽木不可雕也，粪土之墙不可圬也。于予与何诛?”子曰：“始吾于人也，听其言而信其行，今吾于人也，听其言而观其行。于予与改是。”

孔子对宰予“昼寝”大动肝火，正说明“昼寝”属于不应有的懒惰表现。

为什么不应白天睡觉，这要从古人的起居饮食习惯说起。古人通常把一天分成朝、昼、昏、夕四段，又或细分为夜半、鸡鸣、平旦、日出、食时、隅中、日中、日仄、铺时（晡时）、日入、黄昏、人定12段，约当于12时辰。其中的昼，指的是“食时”与“铺时”之间，大约是上午9点到下午4点。“食时”与“铺时”，顾名思义，是吃饭的时间。《说文》（段注本）：“铺，申时食也。”古人一日两餐，第一顿饭叫朝食（也叫饔），进餐时间即“食时”，约在上午9点；第二顿叫铺食（也叫飧），进餐时间即“铺时”，约在下午4点。

由此可见，在古代人们白天活动的主要时段“昼”，是在两餐之间。古人强调“日出而作，日入而息”，晚上较少安排活动，如果“昼寝”，等于是吃了睡，睡了又吃，不久日落又去就寝，一天当中什么也干不了。因此，古人没有睡午觉的习惯，也将睡午觉视为不应有的懒惰行为。

28. 陈公子皇臣灵王[1]

【图版】

简4下

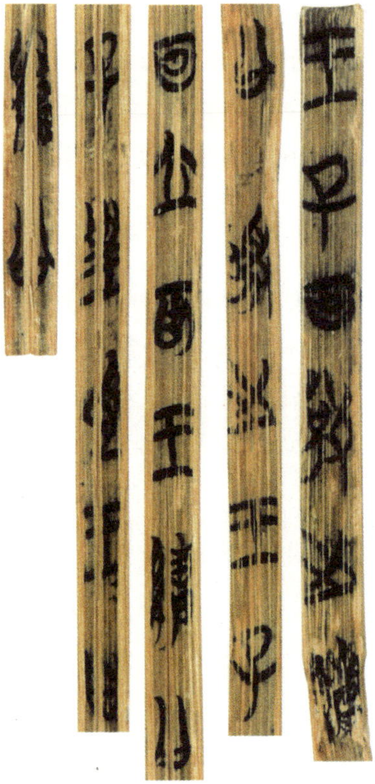

简5

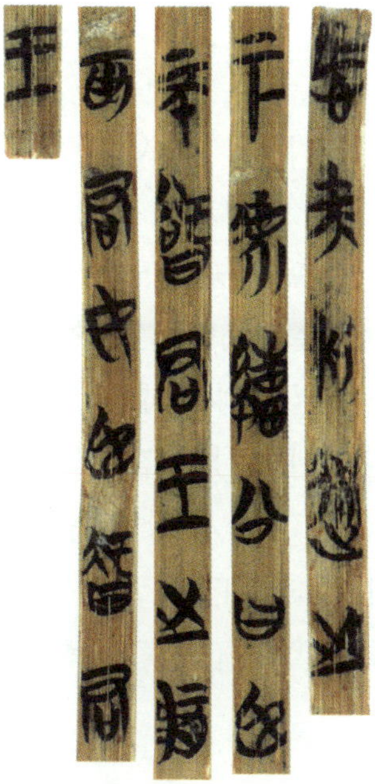

简 6

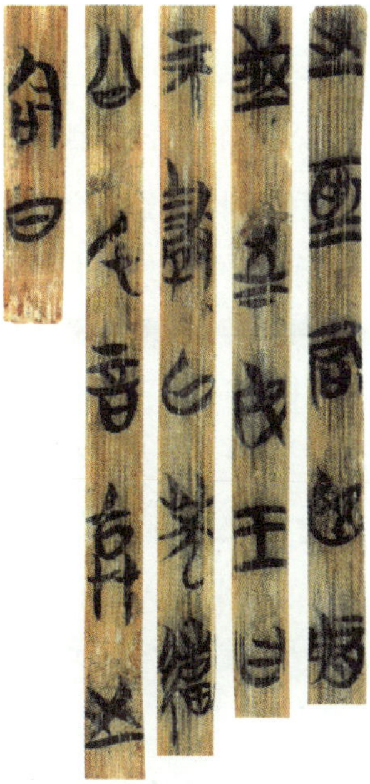

简 7

简 8

简 9

【释文】

敔（御）[2]于枋述（隧）[3]，繡（陈）公子皇[4]旹（止）[5]皇子[6]，【简4】王子回（围）[7]敚（夺）[8]之，繡（陈）公争之。王子回（围）立为王，繡（陈）公子皇见王＝（王，王）曰："繡（陈）公【简5】忘夫枋述（隧）之下虖（乎）？"繡（陈）公曰："臣不智（知）君王之牆（将）为君，女（如）臣智（知）君王【简6】之为君，臣牆（将）或至[9]安（焉）。"王曰："不穀[10]以芺（笑）繡（陈）公，氏（是）言弃之[11]。含（今）[12]日【简7】繡（陈）公事不穀，必以氏（是）心[13]。"繡（陈）公坴（跪）[14]拜，记（起）酓（答）："臣为君王臣，君王孚（免）[15]之，【简8】死不以唇〈辱〉鈫（斧）疌（质）[16]，可（何）敢心之又（有）。[17]"乚【简9】

【著录】

《上海博物馆藏战国楚竹书》（六）《庄王既成　申公臣灵王》简4—9。

【注释】

[1] 楚简。现藏上海博物馆。《庄王既成》与《申公臣灵王》合抄在同一简册上，中间仅以墨钩"乚"隔开（简4），简长约33.5厘米，首简简背题篇名"庄王既成"。本条所选为《申公臣灵王》全篇，从第4简墨钩下开始，其上内容图版不录。有关史实，见于《左传·襄公二十六年》。

[2] 敔：从戈、吾声，应是表示抵御、对抗之"禦"的专字。

[3] 古书"述"、"遂"常通用，楚简多以"述"为"遂"。简文读为"隧"，指通路。《左传·襄公二十五年》："初，陈侯会楚子伐郑，当陈隧者，井堙木刊。"杜预注："隧，径也。"

[4] 繡：从糸、从東省、从田，東、田皆声，由金文"黼"字演变，在出土文献中多用为国名、姓氏、人名，相当于传世文献的"申"。简文此处读为"陳"，陈公子皇即楚县尹穿封戌，楚灭陈后，被命为陈公，子皇可能是穿封戌的字。

［5］旹：从百、之声，简文中读为“止”，义为俘获，与《左传·襄公二十六年》记“穿封戌囚皇颉”之“囚”义近。

［6］皇子：即《左传·襄公二十六年》所记之“皇颉”，郑国大夫。

［7］王子回：即楚灵王，楚共王子、康王弟，绞弑康王子郏敖而自立。《左传·昭公元年》：“楚灵王即位。”杜预注：“灵王，公子围也，即位易名熊虔。”《史记·楚世家》：“康王宠弟公子围。”《集解》引徐广曰：“史记多作回。”

［8］敓，《说文》：“强取也。”段玉裁注：“此是争敓正字。后人假夺为敓，夺行而敓废矣。”简文此处即用为争夺义。“敓”楚简中更多用为“说”。

［9］至：极，指竭其力与当时为王子的灵王抗争。《左传·昭公八年》记穿封戌对曰：“若知君之及此，臣必致死礼以息楚。”孔颖达疏：“致死礼者，欲为郏敖致死杀灵王也。”

［10］不榖：即传世文献之“不穀”，古代王侯自称之辞。

［11］是言：指上文楚灵王以“忘夫杤述之下”取笑陈公子皇（穿封戌）的话。

［12］含：“今”字繁构，累增无义偏旁“口”，与《说文》训为“嗛也”的“含”无关。“今”字写作“含”在战国文字中十分常见。

［13］必以是心：指陈公子皇（穿封戌）忠于其主的心。

［14］𡉀：从土、从卩，会人跪坐于土上之意，是古文字“坐”、“跪”两字的初文。“坐”字《说文》正篆作“㘸”，上所从之“丣”为“𡉀”由单“卩”变双“卩”之后的进一步讹变。简文中读为“跪”。

［15］㝃：又常写作“字”，“娩”字战国文字写法，在楚简中多用为“免”。甲骨文“娩”字作“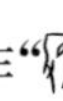”，会以手助产婴儿分娩之意，“㝃”、“字”皆其演变，其中子旁即甲骨文表示胎儿的小点的义化。

［16］𣥌：“𨗨”字变体，简文中读为“質”。斧质，古书习语，斧头和砧板，古代刑具。

［17］“何敢心之有”是对楚灵王“必以是心”的回应。

【延展阅读】

本条所记楚灵王与陈公子皇故事，见于《左传》，“襄公二十六年”

条云：

楚子、秦人侵吴，及雩娄，闻吴有备而还。遂侵郑。五月，至于城麇。郑皇颉戍之，出，与楚师战，败。穿封戌囚皇颉，公子围与之争之，正于伯州犁。伯州犁曰："请问于囚。"乃立囚。伯州犁曰："所争，君子也，其何不知。"上其手，曰："夫子为王子围，寡君之贵介弟也。"下其手，曰："此子为穿封戌，方城外之县尹也。谁获子。"囚曰："颉遇王子，弱焉。"戌怒，抽戈逐王子围，弗及。楚人以皇颉归。

又"昭公八年"条：

九月，楚公子弃疾帅师奉孙吴围陈。宋戴恶会之。冬，十一月壬午，灭陈。……使穿封戌为陈公，曰："城麇之役不谄。"侍饮酒于王。王曰："城麇之役，女知寡人之及此，女其辟寡人乎。"对曰："若知君之及此，臣必致死礼以息楚。"

关于《左传》的编纂方式，前人曾做过很多讨论，其中一种有代表性的说法是，《左传》根据当时史料剪裁，为实现编年的目的，常会出现一个完整的历史事件被割裂分置于不同的年份当中。如果《申公臣灵王》与《左传》中上列有关灵王、穿封戌的史实确实存在对应性的话，一定程度上可以印证上述观点。《申公臣灵王》所记灵王和穿封戌争功的故事，《左传》的作者做了一些改变后，将其分成两个部分，分别编排到襄公二十六年（楚攻郑之后）和昭公八年（陈公就任之后）。

不过，《申公臣灵王》与《左传》叙述的角度显然是完全不同的。《申公臣灵王》重点是灵王，灵王宽恕曾与之争功的陈公，陈公最后也发誓效忠灵王，可称得上是楚国君臣之间的一个美谈。《左传》则从争功的故事出发，详记二人争执的经过，最后涉及灵王篡夺王位之事，并以穿封戌批评灵王的话收结，侧重点是灵王的不义尤其是篡夺王位之事。《申公臣灵王》是楚国的史书，对本国君主的叙述，自然有其偏向性，上博楚简中涉及楚平王、昭王、简王等篇章，均是如此。

两种史书对陈公子皇（穿封戌）的评价则基本一致。简文记陈公曰："如臣知君王之为君，臣将或至焉。"相应的表述，在《左传·昭公八年》作："若知君之及此，臣必致死礼以息楚。"据史书所载，楚灵王是通过弑杀楚王郏敖即王位的，作为当时的县尹，陈公子皇（穿封戌）如果知道灵王将是弑君者，忠于其主的做法显然应是竭其力与当时为王子的灵王抗争，捍卫康王及其继承者郏敖的地位。正因为如此，楚灵王才有“今日陈公事不穀，必以是心”之语，“是心”指的是陈公子皇（穿封戌）忠于其主的心，彼时是楚康王及其子郏敖，此时则是楚灵王（所谓“臣为君王臣”）。这与“跖之狗吠尧，尧非不仁，狗固吠非其主”（《史记·淮阴侯列传》）是一样的立场和态度。

《左传·襄公二十六年》记穿封戌与公子围争功，伯州犁让被俘的皇颉来裁定“谁获子”。伯州犁“上其手”介绍王子围，“寡君之贵介弟也”，“下其手”介绍穿封戌，“方城外之县尹也”，结果以皇颉选择公子围告终。这里的上其手、下其手，大体有两种解释：一说上其手即抬高手，下其手即放下手；另一说上其手为用上手指，下其手为用下手指。无论是何种解释，上下其手分别指示两人，均是有意偏袒公子围，以为谲诡之事。今所谓“上下其手”，专指玩弄手法，通同作弊，其典即由此出。

29. 平王问郑寿[1]

【图版】

简 1

简 2

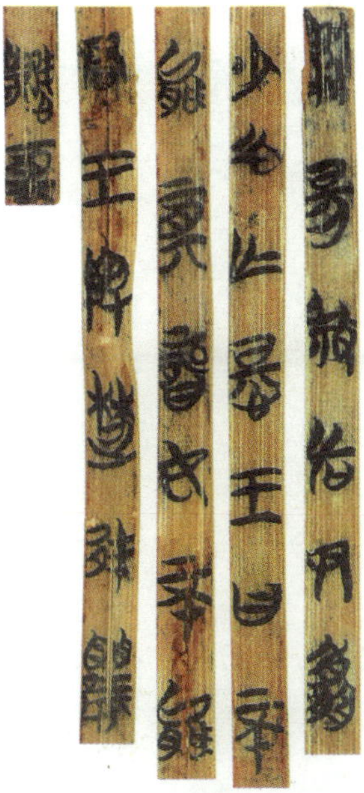

简 3

简 4

简 5

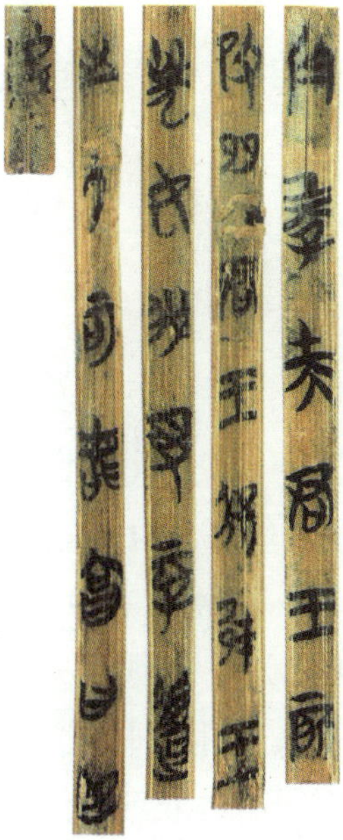

简 6

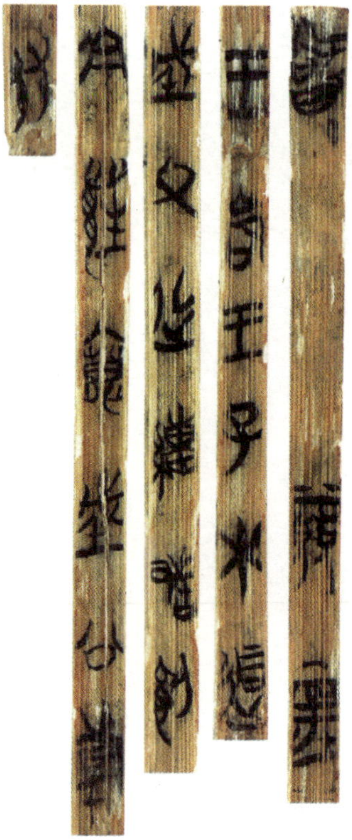

《平王与王子木》简 1

【释文】

竞（景）坪（平）王[2]摹（就）[3]奠（郑）寿[4]，訇（讯）[5]之于层庿[6]，曰："禍（祸）[7]敗（败）因童（重）[8]于楚邦，惧褜（鬼）神以为妄（怒）[9]，囟（使）[10]【简 1】先王亡（无）所逯（归），虞（吾）可（何）改而可？"奠（郑）寿怠（辞）不敢贪（答）。王恩（固）訇（讯）之，贪（答）："女（如）[11]毁新都戚（戚）陵（陵）[12]、【简 2】临昜（阳），杀左尹𠤷（宛）[13]、少市（师）亡（无）悬（忌）[14]。"王曰："不能。"奠（郑）寿："女（如）不能，君王与楚邦惧（难）[15]。"奠（郑）【简 3】寿告又（有）疾，不事。盟（明）[16]戢（岁），王退（复）见奠＝寿＝（郑寿，郑寿）出，居逄（路）以须。王与之話（语），少＝（少少）[17]，王芙（笑）

【简 4】曰:“歬(前)各(冬)[18]言曰:邦必丧,我及含(今)可(何)若?”贪(答)曰:“臣为君王臣,介备名[19],君王遂(践)[20]凥(处),辱【简 5】于孝〈老〉夫[21],君王所改多=(多多),君王保邦。”王芙(笑):“女(如)我曼(得)孚(免),逡(后)之人可(何)若?”贪(答)曰:“臣弗【简 6】智(知)。”【《平王与王子木》简 1】

【著录】

《上海博物馆藏战国楚竹书》(六)《平王问郑寿》简 1—6、《平王与王子木》简 1。

【注释】

[1] 楚简。现藏上海博物馆。《平王问郑寿》与《平王与王子木》实合抄在同一简册上,两篇之间仅空约三字以为区别。简长 33 厘米,两端齐平,篇题均为整理者所加。本条所收为《平王问郑寿》全篇,包括此篇 1—6 简及整理者编为《平王与王子木》第 1 简的第 1 字。

[2] 竞坪王:读“景平王”,即楚平王,楚康王、灵王弟,原名弃疾,即位后改名熊居。齐景公、楚氏名等专名之“景”,楚简均作“競”,“平”字楚文字多写作“坪”,或以为是“塝”。王逸《楚辞章句》:“三闾之职,掌王族三姓,曰昭、屈、景。”景氏当即平王之后。

[3] 稾:“就”字古写。“就”字《说文》籀文作“就”,左半与之形近。简文“就”义为靠近,《孟子·梁惠王上》:“望之不似人君,就之而不见所畏焉。”

[4] 奠:“奠”字古写,会置酉(酒坛)于案上之意。出土文献多以“奠”为“鄭”,“邑”为后增义符。郑寿,楚平王之臣,典籍未载。

[5] 訾:“訊”字异体。“訊”字西周金文作“”(五祀卫鼎)、“”(多友鼎)、“”(师同鼎),右半象人被反手系缚之形,从口表讯问之义。简文此字所从之“係”,实即师同鼎“訊”字右半之变,从口与从言同义。《公羊传·僖公十年》“君尝讯臣矣”何休注:“上问下曰讯。”简文即用此义。

[6] 㞑:从示,是“尸”字楚文字增繁,表示与祭祀有关。庿:《说文》

“廟”字古文。“㞂庙”当是楚国的宗庙。

[7] 禍:从示、骨声,楚文字“禍”字异体。

[8] 重:义为重复、累积,因、重同义连用。

[9] 芶:读为“怒”,应是“惹”的简省,“惹”是楚文字记录“怒”这个词的专用字。

[10] 使役之“使”,楚简也常写作“思”,或又作“囟”,“思”从囟得声。类似用法可追溯到周原甲骨的“囟”。

[11] 女:读为“如”,义为“不如”。

[12] 戕:楚都戚郢之“戚”其中一种异体如是作,左上之中旁是止旁之讹变。陞:楚文字“陵”,从来。戚陵,地名,望山楚简 1 - 116 记有封君“戚陵君”。

[13] 战国文字“兔”作“”。“”《说文》训为“疾”,此字上博《孔子诗论》8 读为“宛”,上博《容成氏》38 读为“琬”,简文此处读为“宛”。左尹:楚官名(参“卜筮祭祷记录”条)。《左传·昭公二十七年》记楚左尹郄宛,为费无极陷害致死。

[14] 惎:从心、具声,“忌”字异体。“具”即“期”字异体,从日、丌声。少师:楚官名。少师无忌应即《史记·楚世家》的费无忌,《左传·昭公二十七年》作费无极。

[15] 惧难:担心发生灾难。《左传·襄公二十七年》:“伯夙谓赵孟曰:‘楚氛甚恶,惧难。’”

[16] 盟:“𥁰”字写讹,“𥁰”可视为从日、皿声,楚简用为明日之“明”。

[17] 少少:不久。《墨子·非攻下》:“少少有神来告曰:夏德大乱,往攻之,予必使汝大堪之。”亦写作“稍稍”,《史记·魏其武安侯列传》:“坐乃起更衣,稍稍去。”

[18] 备:“冬”字楚文字专字,从“終”字初文,增日旁表意。

[19] 备名:谦词,徒列其名,聊以充数。

[20] 遂:“踐”字异体,从足与从辵义近。

[21] 辱:敬词。简文此处指楚平王亲往郑寿居所。《左传·襄公四年》:“子以君命辱于敝邑。”

【延展阅读】

据《史记·楚世家》载，楚平王原名弃疾，为楚共王子。楚共王有宠子五人，分别为楚康王、灵王、子比、子晳和平王。康王卒后，其子郏敖立，后灵王绞弑郏敖而自立；灵王乐于乾溪，子比乘机杀其太子禄自立；而平王又是"诈弑两王而自立"。正因为是通过弑君夺位，楚平王在其执政初期，"恐国人及诸侯叛之，乃施惠百姓。复陈蔡之地而立其后如故，归郑之侵地，存恤国中，修政教"。楚国稍得安宁。

不过，平王治世的后半段，战争接连发生，楚国经常被吴国打败，尤其是平王十年和十一年。平王十年(前519年)："楚太子建母在居巢，开吴。吴使公子光伐楚，遂败陈、蔡，取太子建母而去。楚恐，城郢。……楚王闻之怒，发国兵灭卑梁。吴王闻之大怒，亦发兵，使公子光因建母家攻楚，遂灭钟离、居巢。楚乃恐而城郢。"(《史记·楚世家》)平王十一年(前518年)："楚子为舟师以略吴疆。……吴人踵楚，而边人不备，遂灭巢及钟离而还。"(《左传·昭公二十四年》)平王十二年，史书中没有楚国战争的记录。十三年，平王卒。

简文记平王与郑寿第一次对话的背景是"祸败因重于楚邦"，大概说的就是平王十年和十一年这两年的战事。而"王复见郑寿"并笑问"前冬言曰：邦必丧，我及今何若"的所谓"明岁"，自然正是没有战事发生相对较为太平的平王十二年(前517年)。但很显然，楚国已经是积重难返，郑寿提出的毁新都、诛乱臣的建议，平王无一愿意采纳，"君王所改多多"无非是应付之辞，而"君王保邦"也仅仅是说平王十二年这一年楚国无事。

简文最后记平王笑问"如我得免，后之人何若"时，郑寿的回答是"臣弗知"，这其实是避谈可以预见的楚国的大灾难。因为紧接着的第二年，平王即卒亡，昭王即位之后，楚国接连大败于吴国，到了昭王十年，"吴、蔡伐我，入郢，昭王亡，伍子胥鞭平王墓"(《史记·十二诸侯年表》)。平王虽已死去，但仍不免于难，遭伍子胥鞭其墓，实际上正是应验了"君王与楚邦惧难"。

郑寿的隐晦回答，很可能也是史书作者的有意铺排，与上博简有关楚国历史的其他篇章一样，《平王问郑寿》主要是站在楚国的立场去叙述历史的，自不免有避讳的需要。

30. 昭王毁室[1]

【图版】

简 1

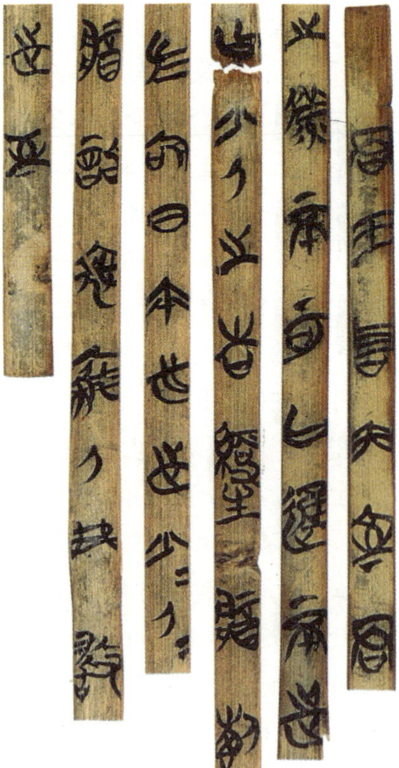

简 2

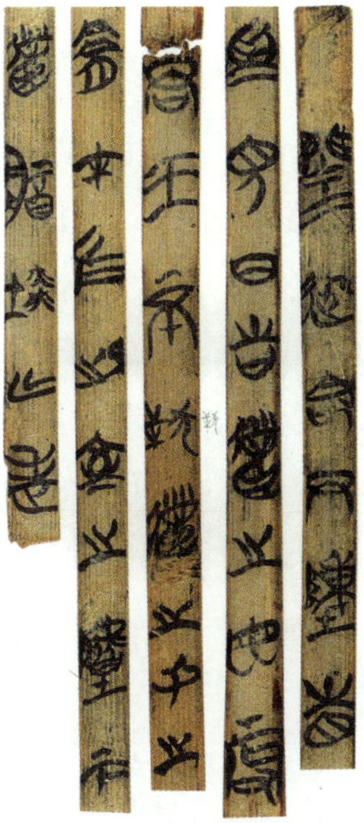

简 3

简 4

简 5

【释文】

卲(昭)王[2]为室于死沰(沮)之滹(浒)[3],室既成,牆(将)袼(落)[4]之。王戒(诫)邦夫=(大夫)以歆=(饮。饮)既,翻[5]条(落)之。王内(入)[6],牆(将)袼(落),又(有)一君子丧备(服)[7]曼廷,牆(将)迈(适)[8]闺[9],寺(寺)人[10]坣=(止之)曰:【简1】"君王门(始)内(入)室,君之备(服)不可以进。"不坣(止),曰:"少(小)人之告,𩰫[11]牆(将)剸(断)[12]于含(今)日,尔必坣(止)少=人=(小人,小人)牆(将)訋(訬)寇(寇)[13],寺(寺)人弗敢坣(止)。至【简2】闺,让命尹[14]陳(陈)[15]眚为貝(视)日[16],告:"僕(仆)[17]之母辱君王,不秩(幸)[18]。僕(仆)之父之骨才(在)于此室之陸(阶)[19]下,僕(仆)牆(将)埮(掩)亡老□□□【简3】以僕(仆)之不旻(得)并僕(仆)之父母之骨厶(私)自塼[20]。"让命尹不为之告。"君不为僕(仆)告,僕(仆)牆(将)訋(訬)寇(寇)。"让命尹为之告。[王]【简4】曰:"虐(吾)不智(知)亓(其)尔募(墓)[21]。尔古(姑)须[22],既袼(落)安(焉),从専(塼)。"王遑(徙)凥(处)于坪沥(厉)[23],舉(卒)[24]以[25]夫=(大夫)歆=(饮酒)于坪瀼。因命至(致)俑(甬)[26]毁室。▬【简5】

【著录】

《上海博物馆藏战国楚竹书》(四)《昭王毁室 昭王与龚之脽》简1—5。

【注释】

[1] 楚简。现藏上海博物馆。《昭王毁室》与《昭王与龚之脽》是关于楚昭王的两则故事,合抄在同一简册上,两篇间以墨节隔开。完简长约44厘米,两端齐平。本条所录为《昭王毁室》全篇。

[2] 卲王:即楚昭王,楚平王子熊珍。传世文献"昭"字古文字均写

作“卲”。

［3］沮：楚地水名，东南流与漳水合，又南流经江陵县西境入江。沮、漳二水亦见于其他楚简。浒：水边。《诗·王风·葛藟》：“绵绵葛藟，在河之浒。”毛传：“水厓曰浒。”

［4］袼：从示、各声，即宫室落成之“落”的专字，下文或简省作“条”，或作“袼”，皆一字异体。《左传·昭公七年》：“楚子成章华之台，愿与诸侯落之。”杜预注：“宫室始成，祭之为落。”

［5］畱：“荆”字战国楚文字的写法，简文中读法待考；一说读为“行”，“行落之”义同于“将落之”。

［6］古文字“入”、“内”、“納”为一字分化，甲骨文、金文多作“入”，战国文字多作“内”。

［7］简文“喪”字，右半为甲金文字“喪”之简省，左半为累增之表意偏旁“歺”。備：从人、葡声，“葡”由盛矢器之“箙”的象形初文演变。“備”在楚简中多记写“服”这个词。

［8］迲：楚文字表示往适义的专字，相当于“適”，大市量铭“滕公卲者果迲秦之岁”与曾侯乙墓竹简“大莫嚣鴋喙適豧之春”语境相似，“迲”与“適”为异文。一说“迲”读为“蹠”，《淮南子·原道训》：“自无蹠有，自有蹠无，而以衰贱兮。”高诱注：“蹠，適也。”

［9］闺：宫中小门。《公羊传·宣公六年》：“有人荷畚，自闺而出者。”何休注：“宫中之门谓之闱，其小者谓之闺。”

［10］寺人：古代宫中的近侍小臣。

［11］字不识，待考。

［12］剸：“斷”字古写。与《说文》“讐”（训“截”）字古文“剸”实为一字。

［13］訋：读为“誂”，《说文》：“相呼诱也。”寇：“寇”字古写，从戈与从攴同义。

［14］让命尹：楚官名，或读为“赴令尹”，奔走趋赴之官。

［15］姓氏之“陳”古文字有两种写法：一作“陳”，即《说文》所谓“宛丘，舜后妫满之所封”，为陈国之“陳”；一作“陲”，传世典籍所记之齐田氏即用此字。

[16] 视日：义近于当日、直日，指当值的官员。《国语·晋语九》："君行臣不从，不顺。主将适蝼而麓不闻，臣敢烦当日。"韦昭注："当日，直日也。"视日执行通传禀告之职守。

[17] 僕：“僕”字繁构，从臣，为累增表意偏旁，与“僕”《说文》古文作“蹼”同理。“臣”本有奴仆义。

[18] 羍：从犬、从倒矢，是“幸”字古写，构形本义不明。“幸”《说文》小篆作“幸”，从屰、从夭，为“羍”之讹变。《说文》："死谓之不幸。"

[19] 墟：从阜、从土、虐声，“阶”字繁构。楚文字“皆”多作“虐”。

[20] 埮：从土、炎声，掩埋之“掩”的专字。墫：下文又简作“専”，读为“墲”。《方言》卷十三："凡葬而无坟谓之墓，所以墓谓之墲。"

[21] 䔲："墓"字异体，从死、莫声。

[22] 须：等待。

[23] 澫：读为“厲”，水厓、水边。另参“交交鸣乌”条。

[24] 孪："卒"字楚文字写法。

[25] 以：训为"与"。

[26] 俑：读为“甬”，《方言》卷三："臧、甬、侮、获，奴婢贱称也。……自关而东陈魏宋楚之间保庸谓之甬。"简文指楚王身边的亲信奴仆。“致甬毁室”即派遣奴仆毁室。

【延展阅读】

《昭王毁室》及《陈公子皇臣灵王》、《平王问郑寿》等篇的文体风格与《国语》、《战国策》等类似，属于事语类史书。事语是春秋时期书籍的一种固定体裁，语就是讲话。事语以记言为目的，但古人不舍事言理，以事带语，故称事语。目前所见出土战国简帛事语类文献计有上海博物馆藏战国楚竹书《柬大王泊旱》、《鲍叔牙与隰朋之谏》、《吴命》等近 20 篇及慈利竹书《吴语》残简，涉及楚、齐、吴、晋等国史实，或与传世史料可相参照，或前所未见。

事语类文献本是先秦贵族子弟的教学课本，可能是周代以来的传统，教育贵族子弟以历史的兴亡之道和政治的语言，“使明其德，而知先王之务，用明德于民也”(《国语·楚语上》)。其内容与形式均能体现当时道德教育和政治教育的状况。事语类文献过往传世有《国语》，出土有马王堆帛书《春秋事语》，数量有限。近年出土战国简帛中有较集中的出现，有利于深入探究事语类文献的本来面貌和历史价值。

《昭王毁室》的要点是昭王新建之宫室正好坐落于某人父亲的墓葬之处，某人母亲死，要求合葬，昭王许之。学者已经指出，类似的故事模式还见于以下三处传世文献：

1.《礼记·檀弓上》："季武子成寝，杜氏之葬在西阶之下，请合葬焉，许之。入宫而不敢哭。武子曰：'合葬，非古也。自周公以来，未之有改也。吾许其大而不许其细，何居？'命之哭。"

2.《晏子春秋》卷二《内篇谏下第二》："景公路寝台成逢于何愿合葬晏子谏而许。"

3.《晏子春秋》卷七《外篇上第七》："景公台成盆成适愿合葬其母晏子谏而许。"

相比之下，《晏子春秋》重在彰显晏子的劝谏之功；《昭王毁室》的具体表述与《礼记》所记较为接近，表现君王的大度与宽容，不过后者较为简略，《昭王毁室》则并塑造了据理力争的"君子"形象。现在已很难判断到底哪个文献才是故事的源头。

事语类文献以记言说理为主，事为语的需要而设，故同一个故事模型因不同的需要而被增删嫁接，往往有之。

31．姑成家父事厉公[1]

【图版】

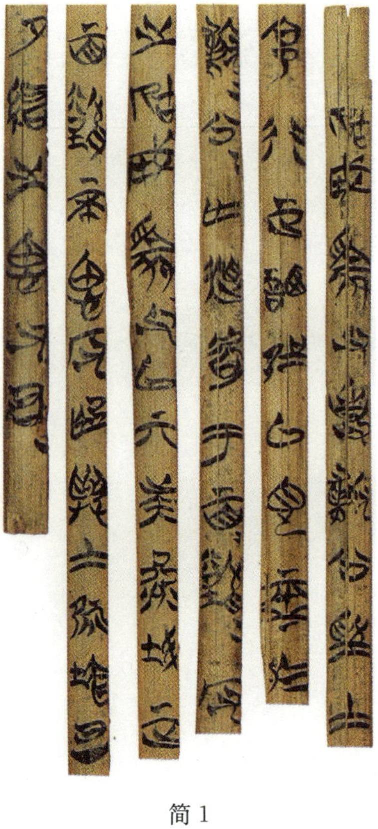

简 1

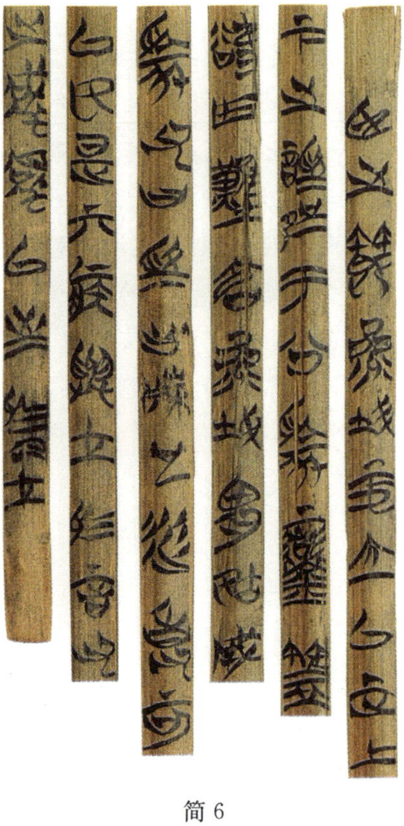

简 6

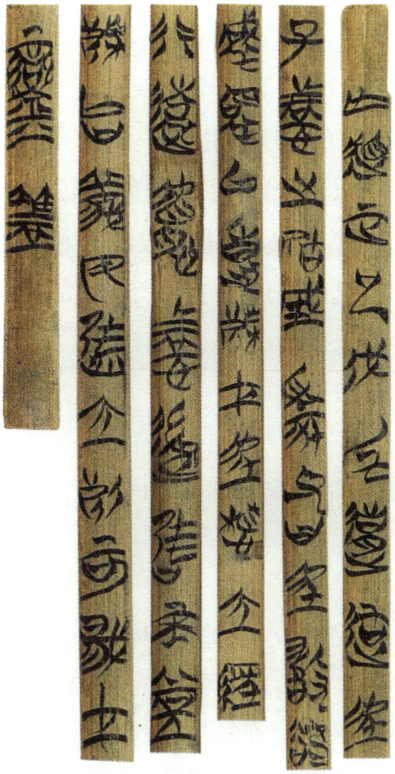

简 7

简 8

【释文】

姑成豪(家)父[2]事敕(厉)公[3],为士宛(怨)[4],行正[5]迺(迅)弜(强)[6],以见亚(恶)于敕=公=(厉公。厉公)亡(无)道,虐(虐)[7]于百=豫=[8](百豫,百豫)反之。姑成豪(家)父以亓(其)族参(三)垰(郤)[9]正[10]百豫,不思(使)反。躬与士凥(处)埴[11],旦夕絧(治)[12]之,思(使)又(有)君【简 1】臣之节。参(三)垰(郤)中立,以正上下之讹,弜(强)于公豪(家)[13]。銮(栾)箸(书)[14]欲乍(作)難(难)[15]。害[16]参(三)垰(郤),胃(谓)姑成豪(家)父曰:“为此殜(世)[17]也从事,可(何)以女(如)是亓(其)疾[18]与(欤)才(哉)?于言又(有)之:‘祴(颇)袷(颔)[19]以至于含(今)才(哉)!’【简 6】亡(无)道正(政)也[20],伐乇遉适[21],虗(吾)子惹(图)[22]之。”姑成豙(家)父曰:“虗(吾)敢[23]欲䄊(颇)袷(颔)以事殜(世)才(哉)? 虗(吾)檍(直)[24]立经(径)行,远慮(虑)惹(图)逡(后)[25],唯(虽)不堂(当)殜(世)[26],句(苟)义,毋旧(顾),立死,可(何)敭(伤)[27]才(哉)!”欒(栾)箸(书)【简 7】乃退,言于勅(厉)公曰:“参(三)垰(郤)豙(家)厚,取宔(主)君之众以不圣(听)命,牆(将)大害。”公思(惧),乃命长鱼斋(矫)[28]□【简 8】

【著录】

《上海博物馆藏战国楚竹书》(五)《姑成家父》简 1、6—8。

【注释】

[1] 楚简。现藏上海博物馆。《姑成家父》整理者共编简 10 枚,其中简 8 与简 2 为一简之上下两段,故应共 9 简,内容基本完整,只有 3 处残缺。完简长 44.2 厘米,两端齐平。篇题为整理者所加。本条节选《姑成家父》篇前半,简序已按最新研究较原整理者有所调整,顺序为简 1、6、7、8,简 8 后接简 2,中有残断,后文不录。

[2] 姑成家父:即晋大夫郤犨,典籍称苦成叔,事晋景公、厉公,遭栾书等构害被杀。

[3] 勅:“剌”字异体,读为“厲”。谥号之“厲”,金文多作“剌”,从“柬”,楚简或径作“柬”(参“宣王始弃帝籍”条)。简文厉公即晋厉公,杀三郤,终为栾书所杀。

[4] 宛:下半之“夗”由金文(士上盉,偏旁)演变而来,形近于“邑”,简文中读为“怨”。上博《缁衣》作“”(简 6),亦读“怨”。为士怨,传世文献及简文均记姑成家父等三郤族大,行事“直立径行”、“强立治众”(简 4),故为士卿所怨。

[5] 行正:行为正直,简文下文有“中立”、“正上下之讹”、“直立径行”等语,与此义同。

[6] 迺:《说文》"訊"字古文,简文中可读为"迅","迅强"同义连用,谓迅猛强圉。墙盘铭文有"讯圉"。

[7] 楚文字暴虐之"虐"和语气词"乎"皆写作"虐",属异字同形。读为"虐"的"虐"可分析为从虎、从口会意;读为"乎"的"虐"可分析为从口、虎声。

[8] 豫:楚简多作"[illegible]"(上博《曹沫之陈》19),左半即后世之"予",作声旁,简文增土旁。百豫,具体所指未详,应是从属于晋的一个族氏,因不堪晋厉公之暴虐而思反叛。

[9] 坿:从土、丯声,丯、郤音近,"三坿"就是史籍之"三郤",即郤至、郤锜、郤犨(姑成家父)。

[10] 正:纠正、治理。

[11] 埴:"官"字累增土旁,读为馆舍之"館"。"官"字从宀,本义为馆舍,引申为官署、官职、官员。前文谓"为士怨",此言"躬与士处馆",是姑成家父欲通过亲身参与,以正"君臣之节"。

[12] 絧:从糸、飼声,治理之"治"的楚文字写法。

[13] 强:《尔雅·释诂下》训"勤也"。公家:即公室,指诸侯王国。《左传·僖公九年》:"公家之利,知无不为,忠也。"强于公家,即为公家尽力。

[14] 栾书:晋大夫,得宠于厉公。栾书与三郤有矛盾,故挑拨三郤与厉公的关系,事见《左传·成公十七年》。

[15] 作难:即《姑成家父》末简所记"栾书弑厉公"。

[16] 害:畏惧、顾忌。《史记·魏世家》:"魏相田需死,楚害张仪、犀首、薛公。"

[17] 此世:犹言当代。

[18] 疾:尽力、努力。《荀子·荣辱》:"小人也者,疾为诞而欲人之信己也,疾为诈而欲人之亲己也。"《墨子·尚贤上》:"有力者疾以助人,有财者勉以分人。"

[19] 顑頷:简文义为不得志。《楚辞·离骚》:"苟余情其信姱以练要兮,长顑頷亦何伤。"王逸《章句》:"顑頷,不饱貌。言己饮食清洁,诚欲使我形貌信而美好,中心简练,而合于道要,虽长顑頷,饥而不饱,亦何所伤

病也。何者，人苟欲饱于财利，己独欲饱于仁义也。”“颇颔”原义为饭不饱，引申指志“不饱”，喻不合于时，志不得申。

[20] 无道政：即无道之政，言厉公无道，不值得辅助。

[21] 適：从辵、𠯑声，“𠯑”即“舌”字楚文字写法。适：从辵、昏声。伐乇適适，释读未详。

[22] 煮：从心、者声，“图”字楚文字写法，从心，专指图谋义。或作“圖”（上博《鲁邦大旱》1），亦从者得声。

[23] 敢：岂敢、不敢，用作谦词。《左传·庄公二十二年》：“敢辱高位，以速官谤。”杜预注：“敢，不敢也。”

[24] 㥀：可分析为从心、植声，读为“直”。经：义近于“径”。直立径行，指品性正直、行为端正。

[25] 慮：从心、膚声，“慮”字古写。“膚”《说文》正篆作“臚”，“慮”本从心、虘声，“虘”字下半为“鑪”的象形初文。远虑图后，即本篇简4姑成家父所谓“欲长建主君而御难”。

[26] 堂：从立、尚声，“當”字楚文字写法。当世，即当于世，指取容于世。

[27] 戭：从戈、昜声，又作“剔”，皆伤害之“傷”的古写。

[28] 长鱼翯：典籍作“长鱼矫”，晋厉公宠臣，曾与郤犨争田，被囚禁，父母妻子同被缚。参与攻郤氏，杀三郤。

【延展阅读】

晋三郤故事，见于《左传·成公十七年》及《国语·晋语六》，今移录前者于下，以备比较：

> 晋厉公侈，多外嬖。反自鄢陵，欲尽去群大夫，而立其左右。胥童以胥克之废也，怨郤氏，而嬖于厉公。郤锜夺夷阳五田，五亦嬖于厉公。郤犨与长鱼矫争田，执而梏之，与其父母妻子同一辕。既，矫亦嬖于厉公。栾书怨郤至，以其不从己而败楚师也，欲废之。使楚公子茷告公曰：“此战也，郤至实召寡君。以东师之未至也，与军帅之不具也，曰：‘此必败！吾因奉孙周以事君。’”公告栾书，书曰：“其有焉！不然，岂其死之不恤，而受敌使乎？君盍尝使诸周而察之？”郤至聘于

周，栾书使孙周见之。公使觇之，信。遂怨郤至。

厉公田，与妇人先杀而饮酒，后使大夫杀。郤至奉豕，寺人孟张夺之，郤至射而杀之。公曰："季子欺余。"厉公将作难，胥童曰："必先三郤。族大，多怨；去大族，不逼；敌多怨，有庸。"公曰："然。"郤氏闻之，郤锜欲攻公，曰："虽死，君必危。"郤至曰："人所以立，信、知、勇也。信不叛君，知不害民，勇不作乱。失兹三者，其谁与我？死而多怨，将安用之？君实有臣而杀之，其谓君何？我之有罪，吾死后矣。若杀不辜，将失其民，欲安，得乎？待命而已。受君之禄，是以聚党。有党而争命，罪孰大焉！"

壬午，胥童、夷羊五帅甲八百，将攻郤氏。长鱼矫请无用众，公使清沸魋助之，抽戈结衽，而伪讼者。三郤将谋于榭。矫以戈杀驹伯、苦成叔于其位。温季曰："逃威也！"遂趋。矫及诸其车，以戈杀之，皆尸诸朝。

总体而言，《姑成家父》集中塑造姑成家父正直无私的直臣形象，《左传》则更重史实的叙述。

《左传》记三郤与其他大夫争利而构怨等事，《姑成家父》略而不记，仅指其"行正迅强"而为士所怨。如本条所录，《姑成家父》用了较大篇幅描述姑成家父正直、中立的言行，而面对晋厉公的打击行动，简文后半记姑成家父拒绝郤锜的对抗建议，并谓："君贵我而受我众，以我能治，今吾无能治也，而因以害君，不义，刑莫大焉。虽得免而出，以不能事君，天下为君者谁欲畜汝者哉？……吾闻为臣者必使君得志于己而有后请。"（简3—5）这番话，与《左传》所记郤至之言类似，当是被《姑成家父》的作者嫁接到姑成家父身上了。《左传》记郤犨对长鱼矫"执而梏之，与其父母妻子同一辕"，起因是二者争田，而这一事件在《姑成家父》中，则编排在长鱼矫受厉公指使"拘人于百豫"之后（简9）。

凡此可见，《姑成家父》体现了事语类史料的共同特点，以立意为宗，不以叙事为主，多造作故事。

32. 交交鸣乌[1]

【图版】

简 1

简 2

简 3

简 4

【释文】

［交交鸣乌，集于中］泐（梁）[2]。**戗**（恺）俤（悌）[3]君子，若玉若英。君子相好，以自为㞑。**戗**（岂）媺（美）[4]是好，【简 1】［唯心是□。间丱谋辞，］皆芋（华）[5]皆英。

交交鸣鵌（乌）[6]，集于中渚。**戗**（恺）俤（悌）君子[7]，若豹若虎，君子【简 2】［相好，以自为□，］**戗**（岂）媺（美）是好，隹（唯）心是藇[8]。**闕**（间）丱（关）[9]恳（谋）[10]訇（辞），皆走（上）[11]皆下。

交交鸣鵌（乌），集于中沥。**戗**（恺）【简 3】［悌君子，若□若］贝，君子相好，以自为戔（卫）[12]，**戗**（岂）媺（美）是好，隹（唯）心是万（赖）。**闕**（间）丱（关）恳（谋）訇（辞），皆少（小）皆大。【简 4】

【著录】

《上海博物馆藏战国楚竹书》(四)《逸诗·交交鸣乌》简1—4。

【注释】

[1] 楚简。现藏上海博物馆。上博简已发表有两篇逸诗,即收在上博藏简第四册之《多薪》与《交交鸣乌》,皆残缺不全,然弥足珍贵。本条所选即《交交鸣乌》,共4简,各简上端皆残去数字,可据上下文大致补出。《交交鸣乌》共3章,每章10句,篇题为整理者所拟。

[2] 汈:从水、刅声,"梁"字初文。"[中]梁"与下文"中渚"、"中沥"并列,可与《诗·卫风·有狐》"在彼淇梁"、"在彼淇厉"对读,"梁"为堤堰,"渚"为水中洲,"沥"为水厓。

[3] "戕"字所从豈旁上半稍有讹变,与下文"媺"字类似。"戕"读为"恺","恺悌"典籍又作"岂弟"、"凯弟",常形容君子和乐平易。

[4] 媺:楚文字的"美"字。传世文献《周礼》亦以"媺"为"美",如《地官司徒·旅师》:"以地之媺恶为之等。"

[5] 楚文字"華"皆写作"芋",与芋头之"芋"同形。《说文》:"雩,艸木华也。从𠂹、于声。"又:"蕚,荣也。从艸、从雩。""蕚"即"華","雩"、"華"一字分化,楚文字作"芋"者,即"蕚"之简省。

[6] "於"、"乌"本一字分化,"鯲"是"於"赘增鸟旁而成的"鳥"字繁构。

[7] 简文"君子"二字已模糊不清,此据上下文义补。

[8]《诗·小雅·伐木》:"伐木许许,釃酒有萸。"毛传:"萸,美貌。"

[9] 闗:"閞"字变体,"閞"即"間"字《说文》古文。间关,联绵词。《诗·小雅·车辖》有"间关车之辖兮",作拟声词。

[10] 思:读为"謀"。"謀"楚文字作"思"或"㥄",从母得声,与《说文》古文相合。

[11] 走:"上"字赘加形旁止的繁构。

[12] 戋:从戈、各省声,"衛"字异体。

【延展阅读】

在阅读战国简帛文献的时候，我们不时会发现，有些字词，楚简使用的是与传世文献惯常所见不同的书写方式。比如美丑之“美”，楚简一般写作“媺”（见本条）；又如盈满之“盈”，楚简通写作“涅”（见“不盈于十言而百世不失之道”条）；再如“贼”，《说文》分析为从戈、则声，但楚简绝大部分情况下都写作“恻”，从心、则声（见“鬼神有所明有所不明”条）。这种现象，反映了不同文献的用字习惯差异。

所谓用字习惯，是指人们记录语言时选择用哪一个字（字形）来记录哪一个词的习惯。出土文献中的用字习惯常因时代或地域不同而出现差异。有关简帛所体现的齐、楚文字的用字差异，前文已有介绍（见“唯君子能好其匹”条）。

战国楚系简帛文献在记录同一个词的用字选择上，与传统的阅读习惯时有不同：或采用别的已有字形、或另造专字，具有鲜明的地域个性。有关情况，本书在注释中已多有说明，诸如某字是某字楚文字写法、楚文字某字写作某字等等皆是。以下再举几个例子。

(1) 裳—劳：君毋惮自裳，以观上下之情。（上博《曹沫之陈》34）

楚简“劳”多从“衣”，与齐侯镈同，取义待考（《说文》：“裳，鬼衣。”与此同形）。中山王器作“炏”，亦不从力。另郭店《六德》或体作“褮”（简16），则是上述二体之糅合。《说文》“劳”古文作“𢨋”，似本于此。与传世文献相比，“裳”是更换了形符，同类例子见于本书的有：逄—路、賊—惑、敘—除、祟—常、眚—性/姓、剔/䳾—傷，等等。

(2) 戎—農：戎夫务食不强耕，粮弗足矣。（郭店《成之闻之》13）

楚简“農”多以“戎”为之，又如“神农氏”上博《容成氏》作“慎戎氏”（简1）。以“戎”为“农”，马王堆帛书、银雀山汉简等犹有沿用。与传世文献相比，“戎”记写“农”属于换用音近字，同类例子见于本书的有：雀—爵、廌—存、涅—盈、媺—美，等等。

(3) 笑—鄰：猶乎其若畏四笑。（郭店《老子》甲9）

楚简“鄰”皆作“笑”，所从之“㕣”即“鄰”字初文。此字亦见于中山王器。从文字源流来看，“邻”应是后起的形声字。与传世文献相比，“笑”属于另造的专字。同类例子见于本书的有：駜—匹、虘—吾、惷—图，等等。

这些用字差异，有些与文字分化有关，比如“舊—久”，“舊”本兼指新旧之“舊”与长久之“久”，《尚书·无逸》：“其在高宗，時旧劳于外，爰暨小人。”“旧”即读为“久”；后世文献借“久”作为长久义的专字。有的可能是方言方音的反映，如“滄—寒”、“然—熱”等例。有的应该与地域文化有关，如“浧—盈”（详参“不盈于十言而百世不失之道”条）。但也有一些，我们现在还不太清楚其原因何在，如上举的“賊”写作“惻”，又如楚文字“盗”写作“䠳”等等。

用字选择的差异，反映的是不同地域文化或族群文化的差异，对于探讨使用者的文化心理与思维方式有重要价值，相关问题还有待深入探讨。

33. 鹠　鷅[1]

【图版】

简 1

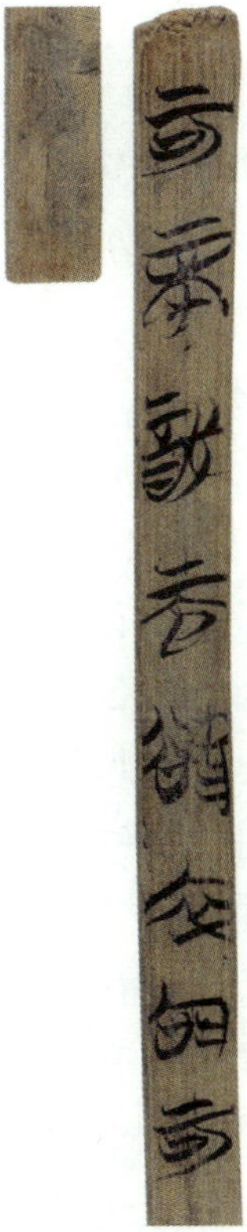

简 2

【释文】

□□□□[含可(兮)],子遗[2]余娄(鹠)栗(鷅)[3]含可(兮)[4]。

娄(鹠)栗(鷅)之止含可(兮),欲衣而亚(恶)槑(枭)[5]含可(兮)。

娄(鹠)栗(鷅)之羽含可(兮),子可(何)舍=(舍余)[6]含可(兮)。

娄(鹠)栗(鷅)翏(翩)[7]飞含【简1】可(兮),不戠(织)而欲衣含可(兮)。【简2】

【著录】

《上海博物馆藏战国楚竹书》(八)《鹠鷅》简1—2。

【注释】

[1] 楚简。现藏上海博物馆。上博简中有多篇楚辞体的作品,包括上博藏简第八册收录的《李颂》、《兰赋》、《有皇将起》、《鹠鷅》等篇,除《李颂》外,皆残缺不全,然弥足珍贵。本条所选《鹠鷅》(篇题为整理者所拟),仅存残简2枚,简1下半残去,存长39.1厘米,简2仅存末段,长10.3厘米。有学者已经指出,简1与简2应拼合为一枚完简,而据文义,此篇开头应仍有一句抄录在别的简上。

[2] 古文字"遗"不从贵,右半字形象两手持杵而下有物遗落之形,即"遗"字初文。

[3] 上博《君子为礼》(见"君子为礼,以依于仁"条)、中山王鼎等"數"字均作"譻",简文"婁"上半所从即其简省。简文"栗"字从三卤,与"粟"《说文》籀文作"𥻆"类似。"栗"《说文》籀文作"𣡌",上所从之"西"是"卤"之讹。娄栗,读为鹠鷅,即枭,鸟名。《尔雅·释鸟》:"鸟少美长丑,为鹠鷅。"郭璞注:"'鹠鷅'犹'留离',《诗》所谓'留离之子'。"今《诗·邶风·旄丘》作"流离之子"。

[4] 楚简的"含",多是"今"字增口旁之繁构,"含可"或应读"今兮",

于句末作语气词。

[5] 〓:“枲”之异体,麻也。“枲”《说文》籀文作“〓”。

[6] 简文“舍余”合文,“舍”本从余。

[7] 〓:从羽、㝵声,“翮”字异体。

【延展阅读】

本条“衣”字凡两见,皆写作:

(简 2)

与《说文》“卒”作“”形同。而楚文字记录“卒”这个词的字形则作:

(上博《昭王毁室》5,见“昭王毁室”条)

上从“爪”,可隶定为“𡚬”,甲金文字和传世字书皆未见。

“衣”字《说文》小篆作“”,象曲领、两袖中空、左右襟衽掩合之形,与其他古文字材料的“衣”字字形相合。“卒”作“”,则是在“衣”形之下增一笔示意。楚文字的用字与《说文》有异,大致情况如下:

衣:	 上博《孔子诗论》10	 上博《三德》9
卒:	 郭店《缁衣》7	 上博《中弓》23

“卒”、“衣”二词的书写符号的区分,是以“衣”上爪形之有无而不是“衣”下点画之有无为标志。过去一般认为,楚文字的“𡚬”即魏三体石经古文与篆、隶二体“狄”字对应的字:

(春秋·僖公)

不过,这个所谓的“狄”,王国维早已指出是“裼”字之讹(《魏石经残石考》,《王国维遗书》第 9 册,上海古籍出版社,1983 年)。传抄古文“裼”有如下之形:

《汗简》衣部	《古文四声韵》入声十五	

诸字“衣(卒)”旁以外的部分,其实是“易”字写作“”(信阳简 1-1)一类写法的进一步讹变。

甲骨文的“卒”有以下写法：

1	2	3	4

合集 5165	合集 32715	合集 26039	合集 37850

诸形中，(1) 从衣，内有交错笔画；(2) 从衣、聿声作“衶”；(3) 近衣形而末笔上钩；(4) 形同于古文字一般的“衣”字。一般所见的“”，就是由写法(3) 演变而成。“卒”的本义是终卒，其中(1)是通过加交叉线来表示衣服已经缝制完毕，交叉线象征所缝的线；(3)下部有上钩，表示衣物已经缝制完毕可以折叠起来。

写法(2)“衶”，声符“聿”有时省去又旁，而仅存的笔形又往往倒写，作“”(合集 34238)、“”(《英国所藏甲骨集》2414)，倒写的笔形与又旁形近。“衶”字后世既不用，其构形遂不为人所识，省作“”、“”之形因构形不显而曾被误以为从又，此所谓又形上移(为了与真正从又的“衩(袁)”相区别)，就有可能成为“⿱爫卒”或“⿱爫𧘇”。所以，楚文字的“⿱爫卒”其实就是写作“”的“卒”的相承变异。

34. 卜筮祭祷记录[1]

【图版】

简 249

简 250

简 249 反

【释文】

大司马悼愲[2]救郙之戢（岁）[3]，𩒰（夏）𡱝[4]之月，己亥之日，观义以保豢（家）[5]为左尹卲（昭）𪐺[6]贞：以亓（其）又（有）瘇疠（病）[7]，走（上）𤎩（气）[8]，尚母（毋）死？义占之：恆（恒）贞[9]，不死，又（有）𥜽（祟）[10]，见于𢇍（绝）无逡（后）者[11]与渐木立（位）[12]，以丌（其）古（故）敚（说）[13]之，𦥑（举）【简249】祷[14]于𢇍（绝）无逡（后）者各肥𤜁，馈之；命攻解[15]于渐木立（位），𠭯（且）[16]遷（徙）[17]亓（其）凥（处）而梪（树）[18]之，尚吉。义占之曰：吉。▬【简250】不智（知）其州名。[19]【简249反】

【著录】

《包山楚简》简249—250。

【注释】

[1] 楚简。1987年出土于湖北荆门十里铺镇王场村包山岗地之上的包山2号墓。同墓出土竹简448枚，其中有字简278枚，总字数12000余字。内容包括文书、卜筮祭祷记录、遣册三大类。卜筮祭祷记录为战国楚墓出土楚简中常见的内容，多是为墓主人行事、疾病而作的占问，也见于望山、新蔡、天星观等批次的楚简，而以包山简最为完整。包山卜筮祭祷简简长在67—69.5厘米之间，两端齐平。本条所选，即包山卜筮祭祷记录之一例。

[2] 司马是掌管军旅之事的职官，大司马是楚国军队的最高将领。悼愲，又作"郫愲"，即史籍所载楚国灭越的功臣卓滑。"悼"当是"悼"字异体。

[3] 楚国用大事记年，包山简还见有"宋客盛公聘于楚之岁"、"大司马卲昜败晋师于襄陵之岁"、"鲁昜公以楚师厚城郑之岁"等等。

[4] 𩒰："夏"字古写。"夏𡱝"是楚代月名，相当于夏月二月。

[5] "保豢"应该是一种占卜工具。

[6] 左尹：楚官名，《左传·昭公十八年》记有"楚左尹王子胜"，据包山简，左尹可"出入侍王"。昭𪐺：左尹之名，属楚之昭氏。左尹昭𪐺是包

山 1 号墓的墓主人。

[7] 瘇,《说文》:“瘇,胫气足肿。”疠:楚文字“病”字写法,声旁由“丙”换作“方”。瘇病即腿部浮肿的症状。

[8] 燹:从火、既声,“氣”字异体。上气指气喘。《周礼·天官·疾医》:“冬时有漱上气疾。”郑玄注:“上气,逆喘也。”

[9] 恒贞:贞问长期的休咎。一说“死”读为“亟”,“亟贞”即多次贞卜。

[10] 祭:从示、敚声,“祟”字异体。《说文》:“祟,神祸也。”

[11] 𢇍:“绝”字初文,象以刀断丝之形。《说文》以“𢇍”为“绝”字古文,“𢇍”、“𢇍”实为一字。绝无后者,指未成年或无子嗣而死的人,包山简有“兄弟无后者”之说,《史记·楚世家》记楚共王宠子五人,除楚平王外,“四子皆绝无后”。

[12] 木位:指树于郊野的木制牌位。“渐木位”指被水浸淹的牌位,故下文言“徙其处而树之”。《楚辞·招魂》:“皋兰被径兮斯路渐。”王逸注:“渐,没也。”

[13] 说:祭名。《周礼·春官·大祝》:“掌六祈以同鬼神示:一曰类,二曰造,三曰禬,四曰禜,五曰攻,六曰说。”《秋官·庶氏》郑玄注:“攻说,祈名,祈其神,求去之也。”

[14] 舉:从與、从止,楚文字的“舉”字。“與”是“舉”的初文,楚文字增止旁以足义。举祷是楚人的一种祝祷方式。

[15] 攻解:又作“攻叙(除)”,解、除义近,均指以攻祭之礼责让作祟神灵,以求解脱。

[16] “且”楚文字通写作“叡”。

[17] 遅:从辵、屖声,即“徙”字古写。

[18] 桓:从木、豆声,“樹”字古写。

[19] 当指不知道“绝无后者”为何州之鬼。

【延展阅读】

战国时代,楚国采用大事记年,用代月名记月。睡虎地秦简《日书》甲种《岁》篇有“秦楚月名对照表”,由 4 简写成,分上、中、下三栏抄写在简之下半段：

十月楚冬夕	十一月楚屈夕	十二月楚援夕
正月楚刑夷	二月楚夏杘	三月楚纺月
四月楚七月	五月楚八月	六月楚九月
七月楚十月	八月楚爨月	九月楚献马

出土楚地文献证明，此月名符合战国时楚国的实际，只是用字上有所不同，如“夕”楚简作“栾”（参“楚居”条），“刑夷”、“夏杘”楚简作“𣪠𫷷”、“夏𫷷”，“纺月”楚简作“亯月”等。

秦以建亥之十月为岁首，九月为岁终，属颛顼历。但改岁首而未改月次，所以上表岁首之月仍作“十月”。包山楚简和九店楚简日书所显示的战国时期楚国的用历，同秦简上的情况基本相同，亦以建亥的十月为岁首。但实际使用上，楚又以建寅的“𣪠𫷷”之月开始，也就是采用了夏正的月序列。

曾宪通先生认为楚国实际上存在两种不同的月序：一种是“始冬栾、终献马”的建亥月序，属于楚国官定的历法；另一种是“始𣪠𫷷、终远栾”的建寅月序，则是民间习惯的用历。这与今天很多正式场合都使用公历，而农村仍然习惯于使用农历（夏历）的情况类似。（曾宪通《曾宪通学术文集·编后记》）

35. 司法诉讼文书[1]

【图版】

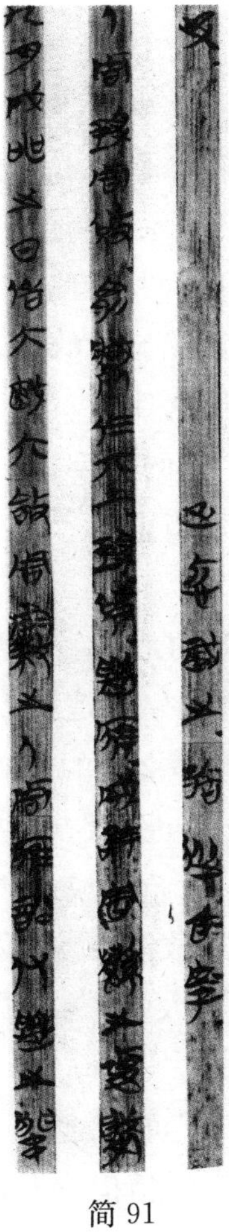

简 91

【释文】

九月[2]戊申之日，佶大戵六勈（令）[3]周霰之人周雁，讼付𦊅[4]之䦧（关）[5]人周瑑、周敚，胃（谓）䢇（葬）[6]于丌（其）土，瑑、敚𦊅（与）雁成[7]，唯周鼷之妻䢇（葬）安（焉）。疋忻戠（识）之，郘从为孷（李）[8]。

【著录】

《包山楚简》简91。

【注释】

[1] 楚简。1987年出土于湖北荆门十里铺镇王场村包山岗地之上的包山2号墓。包山简主要包括文书、卜筮祭祷记录、遣册三类内容，其中文书主要是司法文书，包括自题为“集箸”、“集箸言”、“受期”、“疋狱”等内容。本条为疋狱简之一例，是诉讼案情的记录，简长约为64厘米。

[2] 楚历九月，相当于夏历六月。

[3] 勈：楚文字官令之“令”的专字，是在“命”的基础上累增攴旁。“佶大戵六令”是官令名，具体所指未详。

[4] 付𦊅：地名。

[5] 䦧：从门、串声，“關”字的楚文字写法。“串”是“毌”之异构。

[6] 䢇：从死、臧声，“臧”是“臧”楚文字的对应写法。下文又写作“䢇”，从死、戕声。“䢇”、“䢇”是楚文字的“葬”字。

[7] 成：诉讼完成，这里指与讼双方达成和解。《周礼·秋官·乡士》：“狱讼成，士师受中。”贾公彦疏：“成谓罪已成定。”从简文可知，原告周雁兴讼的理由是被告周瑑、周敚将亲属遗体葬在原告的土地上，经过双方陈词，发现葬于其土的另有其人（周鼷之妻），被告罪名自然不成立，故诉讼也随之结束。

[8] 识：记录。李：读为“理”，指治狱官吏。包山简的司法文书在每则案情记录之后，一般都会列明案情记录人和负责诉讼的官吏。

【延展阅读】

与本条相关的诉讼内容，还包括包山简 34、39，整个过程大致如下：

(1) 周雁提出诉讼后，有关司法官员于八月辛巳之日向付舉之关戠公周童耳发出通告，要求己丑之日将周瑤、周敓“以廷”。（简 34）

(2) 八月己丑之日，又发通告给周童耳，要求改在九月戊申之日将周瑤、周敓“以廷”。（简 39）

(3) 九月戊申之日，诉讼展开并结案。（简 91）

从简文内容看，“付舉之关戠公周童耳”应是被告周瑤、周敓的上司或主管人，故被要求带被告出庭。司法程序从八月辛巳开始，原本计划当月己丑审理(从辛巳到己丑为 8 天)，但因种种原因，到期之后又推迟了审理日期(从八月己丑到九月戊申为 19 天)，最终完成案件诉讼审理。

上述简 34、39 均属包山司法文书的“受期”简，所谓“受期”，当即指受理诉讼的期限。《周礼·秋官·朝士》“凡士之治有朝日”，孙诒让《正义》：“一则民以事来讼，士官为约期日以治之；二则狱在有司而断决不当者，许其于期内申诉。”受期简每言“期某月某日不以廷，阩门有败”，“阩门”读为“征问”，大意是说与讼人在规定时间不出廷将被判败诉。

36. 楚月宜忌[1]

【图版】

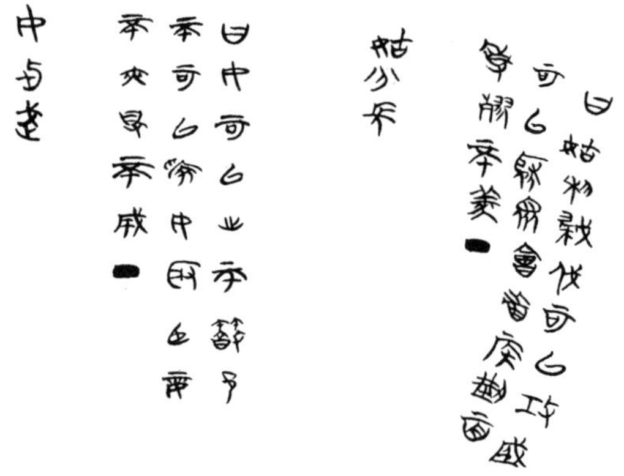

楚帛书丙篇(部分)

【释文】

曰姑[2],利截(侵)[3]伐,可以攻城,可以聚众,会者(诸)侯,型(刑)首事[4],殄(戮)不义[5]▬。

姑分长[6]。

曰女[7],可以出帀(师)、籔(筑)[8]邑,不可以豙(嫁)[9]女、取(娶)臣妾[10],不火旻(得)[11]不成▬。

女杙(必)武[12]。

【著录】

饶宗颐、曾宪通《楚帛书》,本条图版为摹本。

【注释】

[1] 帛书。现藏美国赛克勒美术馆。楚帛书 1942 年 9 月由盗墓者从长沙子弹库木椁墓中盗出。该墓原有帛书至少在五件以上,仅一件基本完整,即通常所说的楚帛书。楚帛书长 47 厘米,宽 38 厘米,出土时叠成八折,置于一个竹匣中。这是我国现在所能见到的最早的帛书,也是战国帛书唯一完整的一幅。帛面由三部分文字组成,当中是书写方向互相颠倒的两大段文字,一段 8 行(甲篇),一段 13 行(乙篇),四周为以旋转状排列的 12 段边文(丙篇)。因楚帛书残破较为严重,释读不易,本条仅选文字较易通读之丙篇姑、女两段。

[2] 姑:《尔雅·释天》作"辜",十一月月名。

[3] 戠:从戈、㚔省声,侵伐之"侵"的专字。"侵"本作"㑴",右半即"㚔","㚔"会以手执帚洒扫之意。

[4] 刑首事:即处罚首先起事的带头分子。

[5] 殄:从歺、翏声,"戮"字异体。

[6] 分长:应是指姑月职掌或适宜的行事,具体意义不明。

[7] 女:《释天》作"如",二月月名。

[8] 篙:建筑之"築"字古写,《说文》"築"古文作"䇡"。

[9] 冢:"家"的楚文字写法,简文中读为"嫁"。

[10] 臣妾:古时对奴隶的称谓,男曰臣,女曰妾。《易·遁》:"畜臣妾吉,不可大事也。"

[11] 不火得:具体含义未详,或释"火"为"夹",读为"兼"。

[12] 本月称"武",应是与本月宜出师、筑邑等事相关。

【延展阅读】

楚帛书帛面由三部分文字组成,当中是书写方向互相颠倒的两大段文字,一段 8 行(甲篇),一段 13 行(乙篇),四周为以旋转状排列的 12 段边文(丙篇)。丙篇 12 段边文每三段为一方,四方交角用青、赤、白、黑四木相隔，每段各附一神怪图形。

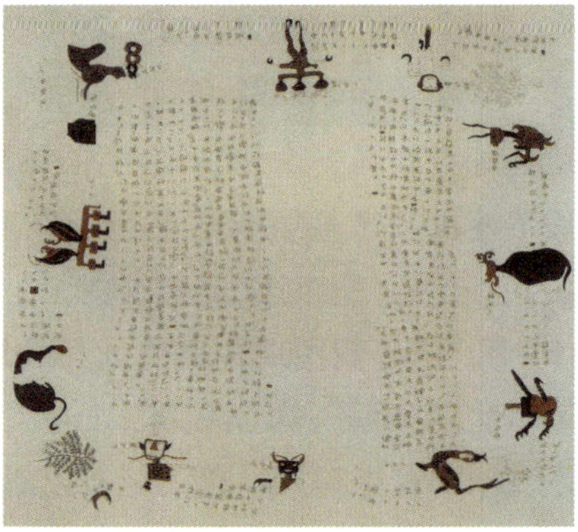

楚帛书

学者认为楚地出土的古图都是“以南为上”，故这幅帛书的摆法也应“以南为上”，即以 8 行为正、以 13 行为倒。又，甲篇起句以“曰故”二字发端，有如《尚书》有关篇章的“曰若稽古”，故应为全文之首；帛书代表夏正五月之神像为三首神祝融，是为楚先祖，应当正南之位，可证以南方居上。甲篇述日月四时形成的神话，涉及伏羲、女娲、炎帝、祝融、帝夋、共工等古史人物；乙篇通过描述天象变异强调敬天顺时；丙篇略述各月司职、宜忌，各月名与《尔雅·释天》十二月名大致相符，月名旁所附神物当即十二月神。

《尔雅·释天》记十二月名：“正月为陬，二月为如，三月为寎，四月为余，五月为皋，六月为且，七月为相，八月为壮，九月为玄，十月为阳，十一月为辜，十二月为涂。”楚帛书月名则分别作：

取、女、秉、余、欲、⿰虘又、仓、臧、玄、昜、姑、荼

用字虽多不同，但异文之音读皆可相通，其中不少还直接体现了传世文献与战国楚文献用字习惯的差异，如“如”，楚简多记作“女”；皋陶之“皋”，楚简多作“咎”；“且”，楚文字一般作“⿰虘又”；“臧”与“莊”，在楚文字中记写“臧”。凡此可证，二者所记实为一事。

值得注意的是，帛书规定了四时的分司：秉司春、⿰虘又司夏、玄司秋、荼司冬，对照《尔雅·释天》可知，秉、⿰虘又、玄、荼皆为季月。《释名·释天》：

“四时，四方各一时。”毕沅注：“乡饮酒义曰：东方者春，南方者夏，西方者秋，北方者冬，故曰四方各一时。”帛书以左方为春，上方为夏，右方为秋，下方为冬，正以四方各表一时。十二种神像随帛书之边缘循回，表示四时循环往复，周而复始。每月下注明某月某事可行，某事禁忌，与楚国用历大有关系。《离骚》云“摄提贞于孟陬兮”，“孟陬”即孟春正月。据此推测，当时可能还有“仲如”、“季病”、“孟余”等称，即将一季中的三个月分别冠以孟、仲、季加以细分。

除上述四个季月外，其他月份于所记文字之末，亦有形式相同的三字说明，很可能也是用以指明这个月神的职掌或适宜的行事。只是每季最后月份之神，既是主管此月之神，同时又是职司此季之神。

十二月神的形象，大多数都是由禽、兽和人三者复合造型：正月神为蛇首兽身鸟足；二月神为四首方形双鸟身；三月神为鸟身方首顶有短毛；四月神为蛇首双身盘结；五月神为三首人形；六月神为雄性猿猴有尾，两臂长袖；七月神为人首鸟身；八月神为兽首鸟身；九月神为两蛇首，体作伏蛙形；十月神为鸟头反顾，兽体有尾；十一月神为牛首人身；十二月神为人身兽耳。这些图像大多数都有头、角和利爪，且多半与蛇有关，体现的可能是楚文化的风尚。

主要参考文献

A. 论文

陈剑:《谈谈〈上博(五)〉的竹简分篇、拼合与编联问题》,简帛网(http://www.bsm.org.cn),2006年2月19日。

陈剑:《上海博物馆藏战国楚竹书〈从政〉篇研究(三题)》,《简帛研究2005》,广西师范大学出版社,2008年。

陈民镇:《清华简〈楚居〉集释》,复旦大学出土文献与古文字研究中心网(http://www.gwz.fudan.edu.cn),2011年9月23日。

陈伟:《竹书〈容成氏〉所见的九州》,《中国史研究》2003年3期。

陈伟武:《试论简帛文献中的格言资料》,《简帛》第4辑,上海古籍出版社,2009年。

大西克也:《上博六〈平王〉两篇故事中的几个问题》,复旦大学出土文献与古文字研究中心网(http://www.gwz.fudan.edu.cn),2012年4月21日。

董珊:《读〈上博藏战国楚竹书(四)〉杂记》,简帛研究网(http://www.bamboosilk.org),2005年2月20日。

范常喜:《上博五〈三德〉新释两则》,《中山大学学报》2012年2期。

季旭升:《从战国文字中的"止"字谈诗经中"之"字误为"止"字的现象》,第四届诗经国际学术研讨会论文,1999年;复旦大学出土文献与古文字研究中心网(http://www.gwz.fudan.edu.cn),2009年3月21日。

李家浩:《读〈郭店楚墓竹简〉琐议》,《中国哲学》第20辑,辽宁教育出版社,1999年。

廖名春:《〈子羔〉篇感生简文考释》,《上博馆藏战国楚竹书研究续编》,上海书店出版社,2004 年。

刘乐贤:《读上博简〈容成氏〉小札》,简帛研究网(http://www.jianbo.org),2003 年 1 月 13 日。

裘锡圭:《关于〈孔子诗论〉》,《中国哲学》第 24 辑,辽宁教育出版社,2002 年。

裘锡圭:《释殷墟卜辞中的“卒”和“律”》,《中原文物》1990 年 3 期;《裘锡圭学术文集》(1),复旦大学出版社,2012 年。

王志平:《〈诗论〉笺疏》,《上博馆藏战国楚竹书研究》,上海书店出版社,2002 年。

杨泽生:《谈出土秦汉文字“脊”和“责”的构形》,《古文字研究》第 24 辑,中华书局,2002 年。

张富海:《上博简〈子羔〉篇“后稷之母”节考释》,《上博馆藏战国楚竹书研究续编》,上海书店出版社,2004 年。

张光裕:《“新出简帛国际学术研讨会”书面发言》,《新出简帛研究》,文物出版社,2004 年。

B. 专著

陈斯鹏:《简帛文献与文学考论》,中山大学出版社,2007 年。

冯胜君:《郭店简与上博简对比研究》,线装书局,2007 年。

郭永秉:《古文字与古文献论集》,上海古籍出版社,2011 年。

李零:《郭店楚简校读记》(修订本),北京大学出版社,2002 年。

刘钊:《郭店楚简校释》,福建人民出版社,2003 年。

王辉:《简帛为臣居官类文献整理研究》,中山大学博士论文,2012 年。

杨泽生:《战国竹书研究》,中山大学出版社,2009 年。

曾宪通:《曾宪通学术文集》,汕头大学出版社,2002 年。

曾宪通:《古文字与出土文献丛考》,中山大学出版社,2005 年。

赵平安:《新出简帛与古文字古文献研究》,商务印书馆,2009 年。

后　记

蒙萧毅学长惠邀，得与古文字读本编撰事，承乏完成此册《战国简帛读本》，供古文字及相关领域爱好者选用。

读本虽不比专门学术著作，然编好亦非易事。既要选裁得当，说解准确，能展现战国简帛的基本面貌；又要语言平实，行文晓畅，让普通读者看得下去，读得进去。固如经法先生所言，实“专家不愿为，非专家不能为”。本人虽研习古文字有年，然识浅才薄，自知非匹，只是有感于简帛学已成当世显学，“入门”类读本却仍付阙如，而师门素重视古文字知识的大众普及，故敢不自量力，勉力为之。选编过程中，已注意借鉴其他古文字读本的得失，吸收前贤时修的研究成果，以自己相对熟悉的专题为基础，尽量从读者的角度考虑作取舍剪裁。至于成效如何，尚有待读者评判。

是书2012年春动笔，同年11月定稿并交付出版社。原定2013年中印出，讵料因故延宕，转瞬多年。既时过境迁，又牵于杂事，今仅调整了原稿个别表述，未及补益新知。期间，凤凰出版社的编辑同仁费了不少心力，多次邮件往还讨论细节，令人感佩。

本书为高校古籍整理研究资助项目“出土战国简帛事语类文献综合整理”成果，又承广州大学中国语言文学一级重点学科、广州大学语言服务研究中心及广州大学文学思想研究中心支持，志此申谢。

康园作别，倏忽十载，碌碌奔忙，学无寸进，聊以此册，纪念逝去的年华。

感谢所有给予过我支持和鼓励的人。

禤健聪

2016年2月22日